지은이는 이 책의 인세 가운데 10퍼센트를 유니세프에 기부합니다.
이 책은 인류학자 레비스트로스의 이론에 빚을 지고 있습니다. 원주민에 대한 그의 '객관적 사랑'을 존경하는 뜻에서 기부합니다. 제3세계의 적합하고 지속가능한 발전에 조금이나마 도움이 되고 싶습니다.

기업문화
오디세이
2

기업의 신화학
에 관한
낭만적 강의

신상원 지음

강의를 시작하며

재를 뒤집어쓴 소녀처럼

:

인문과 경영을 매개하며

scene #1
2010년 도쿄

"마음의 상처가 있는 조직입니다."

저는 말을 끝까지 잇지 못했습니다. 다행히 아츠코 님이 제 마음까지 통역해주었습니다. 한 주 동안 진행된 인터뷰를 마치고, 기업문화에 대한 1차 분석결과를 경영진에게 발표할 때였습니다. 두 회사가 급하게 합병한 일본의 어느 기업에서는 그로 인해 문화적 충돌이 심화되고 있었고, 그 문제를 해결해달라는 의뢰를 받아 시작한 일이었습니다. 이 회사에서 '겉으로 보이는' 문화적 충돌은 문제의 본질이 아니었습니다. 기업의 무의식 속에 깊이 들어 있는 상처를 저는 보았고, 그 상처의 이면에는 회사에 대한 깊은 애정이 잠들어 있었습니다. '기업의 인류학자'로서는 자격 미달의 행동이었을지 모르지만, 상처라는 단어를 꺼내다가 저는 그만 울먹이고 말았습니다.

그로부터 석 달 후, 몇 차례에 걸친 세미나와 워크숍을 마치고 프로젝트를 마감하는 미팅에서였습니다. 경영진과 프로젝트팀은 한마음으로 이렇게 말했습니다.

"우리를 치유해주셨습니다."

저는, 또다시 프로답지 못하게 가슴에 습기가 번져왔고, 기업문화는 기업의 마음이라는 제 생각이 옳다는 것을 다시 한 번 확인했습니다. 그렇다면 이 일은 '기업의 마음을 치유'하는 일이라 할 수 있겠습니다. 그러고는 오랫동안 쓰지 못한 두 번째 책의 서문을 이제 쓸 수 있겠다는 생각이 들었습니다. 그렇게 이번 책의 서문은 '기업의 마음을 치유하는 마음가짐'에 관한 이야기로 채우게 되었습니다.

scene #2
1993년 서울

서울대학교 종교학과의 어느 강의실입니다. 종교인류학 수업이었던 것으로 기억하는데, 선생님은 칠판에 커다란 그림 하나를 그렸습니다.

( )

"이것이 무엇입니까?"라고 물으시는군요.
괄호입니다!
"아닙니다. 이것은 종교학, 그리고 인류학을 하는 사람들의 자세입니다. 모든 현상은 원인이 있고 그 원인은 이해할 수 있다는 믿음으로부터 인류학과 종교학은 출발합니다. 그리고 이해는 언제나 선입견과 고정 관념의 배제를 전제로 합니다. 기독교적 세계관으로 똘똘 뭉친 사람이 자신의 마음에 괄호를 치지 않고 아프리카의 부족사회를 본다면 어떨까요? 그들의 문화는 오직 이교도이자 야만인의 광란밖에 더 될까요? '하느님이 보우하사 우리나라 만세'라는 애국가를 듣고는 또 어떻게 해석할까요?"

그날 저녁 술자리에선가 저는 이렇게 얘기했습니다.

"그건 마치 사랑하는 사람의 마음을 이해하려는 것과 같군요."

그로부터 십 년이 넘는 시간이 흐른 뒤 저는 기업의 여러 경영자와 관리자의 눈앞에 커다란 괄호를 보여주곤 합니다. 그리고 얘기합니다.

"기업문화를 다루는 것은 마치 사랑하는 사람의 마음을 이해하려는 것과 같습니다. 적어도 그 사람과 사귀려면 말이죠. 그냥 남으로 산다면 모를까, 그 사람이 여러분의 인생에 꼭 필요하다면 그리 해야겠죠. 이것은 효용성의 문제이기도 합니다. 그렇게 하는 게 부부로서 인생을 살아가는 데 확실히 더 도움이 되니까 그리 해야 한단 말이죠. 기업문화를 이해하려는 행위도 꼭 같습니다. 어떻게든 기업의 전략을 실행하고 비전을 달성하기 위해 기업문화라는 걸 고민하는 순간, 당신은 괄호 치기부터 해야 합니다. 문화는 기계가 아닌 사람이 만드는 것이기 때문에 더욱 그러합니다. 기존의 인사조직론이라든가 선진 경영혁신 툴 등에 괄호를 치는 일에서부터 기업문화에 대한 이해는 시작됩니다. MBA 이론으로 똘똘 뭉친 어느 박사가 한국의 아모레퍼시픽이나 일본의 산토리, 그리고 미국의 뉴발란스 같은 특이한(?) 기업문화를 본다면 뭐라 할까요? '오우, 지저스! 어느 선진 글로벌 기업에서도 조직을 이렇게 다루는 법은 없어요. 이건 종교도 아니고…….' 이렇게 반응할지도 모릅니다. 그 사람이 그렇게 생각할 수는 있습니다. 하지만 그렇게 기업문화를 보는 것이 그 기업에 도움이 될 리는 절대 없겠죠. 마찬가지로 효용성의 문제입니다. (그분은 기업문화나 인사가 아닌 재무나 회계 쪽에서 일을 한다면 기업에 도움을 줄 수 있을 겁니다) 문화는 언제나 가치 판단과 선입견을 배제하고 보아야 합니다."

scene #3
2000년 어느 선원

저는 이 책에서 인간의 마음의 한 축인 '신화적 사고'가 기업 안에서도 '언제 어디서나' 작동하고 있음을 이야기할 것입니다. 그리고 신화적 사고에 귀를 기울이는 일이 경영에 어떤 도움을 줄 수 있는지, 또한 그 목소리를 무시하는 것이 경영에 얼마나 해가 될 수 있는지를 증명할 것입니다. 인간에 관한 오랜 학문인 인류학과 종교학의 성과를 빌려서 말이죠. 그러나 고백하건대, 이 모든 방법론은 사실 하나의 글자에서 시작되었습니다.

念

"이 글자의 윗부분을 보세요. '이제 금今' 자인데, 동양에서는 사실 시간적인 의미를 넘어 공간적인 의미까지 포함하여 '지금 여기'라는 의미로 쓰입니다. 그리고 아랫부분은 '마음 심心'이죠. 여러분의 마음을 지금 여기에만 놓으십시오. 판단하지 마시고 생각하지 마시고 모든 현상을 '있는 그대로' 보십시오."

미얀마에서 오신 어느 사야도SAYADO, 큰스님의 말씀입니다. 저는 마음의 비밀을 알고 싶었고 스스로를 치유하려고 한 적이 있습니다. 여러 방법(?)을 써보다가, 붓다가 깨달음을 얻었다는 위파사나Vipassana 명상을 2000년 후반에 시작하여 일 년 반가량 한 적이 있습니다. 방법론의 핵심은 사티sati에 있습니다. '마음을 지금 여기에 놓고 모든 현상을 있는 그대로 관찰한다.' 바로 念입니다. 이후 어느 정도의 수행 기간 동안 오래도록 제 안에 있던 여러 문제들, 예컨대 우울증, 청각과민증, 공황 불안 등이 모두 사라졌습니다. 있는 그대로 보았으니까요.

수행 중에는 눈앞에 어떤 빛의 패턴이 나타나기도 했습니다. 무의식을 관장하는 뇌의 특정 부분이 자신의 비밀을 잠깐 내보이는 순간이라고 합니다. 그리고 이것은 레비스트로스가 말한 신화적 사고를 형성한 힘과 다르지 않다는 사실을 알게 되었죠. 사회의 무의식이 겉으로 드러날 때 그 문화가 일정한 패턴을 보이는 것과 같이 마음도 일정한 패턴을 만들고 있었습니다. 마음을 보고, 알고, 치유하는 구조가 문화를 알고 이해하려는 구조와 꼭 같았던 것입니다. 그래서 이제 저는 말을 바꿔 이렇게 이야기합니다.

"마음을 치유하면 한 사람의 인생이 달라집니다. 기업의 마음을 치유한다면, 그 기업의 인생이 달라질 수 있지 않을까요? 더불어 그 기업 안에 살고 있는 사람들의 인생까지도 말이죠."

念, 이 한 글자는 지금도 살아 있습니다. 예전의 대상은 '나의 마음'이었지만, 이제는 '기업의 마음'이 되었지요. 기업문화는 기업의 마음이기에, 그렇게 보아야만 합니다. 그럴 때 기업이 안고 있는 여러 문제가 치유될 수 있습니다.

scene #4
2008년 라오스 몽족 마을

"우리 몽Hmong족은, 아이가 태어나면 아궁이 불 옆에 둔다네. 사흘 밤낮이 지나도 여전히 아이가 건강하게 울면 그제야 비로소 우리 식구가 되는 거지."

여행 중이었습니다. 중국의 윈난 성, 베트남 북부 산악지대, 그리고 태국 북부와 라오스에는 많은 소수 민족들이 전통적인 삶의 방식을 유지하며 살아가고 있습니다. 몽골로부터 이주했다고 전해지는 몽족이라는 소수 민족 마을에 머물렀을 때의 일입니다. 제 아버지와 꼭 닮은 한 남자가 이 이야기를 전했을 때, 아궁이로부터 신선한 미풍이 불어왔습니다. 그 바람은 포르투갈의 것이었다가 어느새 중국으로부터 불어왔다가는 인도네시아와 일본의 향기를 전했습니다.

전 세계의 수많은 신화에 등장하는 '아궁이'를 여행하다 만날 줄은 몰랐습니다. 그 모든 신화에서 아궁이는 대립되는 두 세계를 '중개하는, 매개하는' 공간입니다. '취사용 불'이야말로 인간을 죽음과 야만과 배고픔의 세계에서, 삶과 문화와 풍요의 세계로 이행하게 한 주인공이었으니까요. 아이는 '저 세계에서 이 세계로' 온 존재입니다. 하지만 갓 태어났기에 아직 이 세계로 완전히 넘어온 것은 아니었죠. 그러므로 '중개 기능'을 하는 아궁이 곁에서 일정 기간을 머물러야 합니다.

그리고 저는 그 아궁이로부터 '기업의 신화학'의 주인공들을 소환해냅니다. 그들은 모두 '매개자'였습니다. 정확히 말하자면, 매개자가 되어야만 했습니다. 저 세계에서 이 세계로 무언가를 가져왔던 존재여야 했습니다. 모든 신화가 매개자를 원했던 것처럼 말이죠. 무언가 연결이 안 되는 모순을 해결한 존재들. 그 밤에 저는 한 청년을, 어느 아름다운 사람들을, 한때 버림받았던 사람들을 만났고, 그들은 이후 기업의 여러 신화에서 주인공으로 탄생합니다.

이제 저는 재를 뒤집어쓰고서라도 두 세계를 매개하고자 하는 소망으로 '아궁이의 존재론'에 대해 이야기하려 합니다. 기업과 인간, 경영 이론과 인문학 사이에도 이들을 매개하는 아궁이가 있어야 합니다. 종교학을 비롯한 인문학의 성과가 기업의 경영에 분명히 도움을 줄 수 있다는 의미입니다. 동시에 기업이 인문학의 적극적 연구 대상이 되어야 하고, 그럴 때 기업은 '인간의 얼굴'을 할 수 있습니다.

기업은 인간에 관한 학문, 특히 '마음이 만들어가는 세계'를 보려는 오랜 시선의 도움을 받아 기업의 꿈을 이루어갈 수 있습니다. (금융상의 숫자로만 존재하는 회사가 아닌 이상) 기업은 사람들로 이루어져 있고, 무엇보다 기업의 고객 역시 결국 사람이기 때문입니다. 그보다 근본적으로 기업은 인문학의 도움을 받을 때 비로소 영혼을 가질 수 있습니다. '꿈은 무엇인가'라는 물음에 답할 수 있습니다. 가장 적합한 꿈을 찾아갈 수 있게 되고, 사람들이 살아가는 세계와 더불어 같이 오래도록 지속가능 sustainable하게 존재하는 방법을 발견할 수 있습니다.

인문학, 특히 (형이상학적 철학보다는 인류학이나 종교학, 혹은 예술학 같은) '야생의 학문'은 기업이라는 장을 연구 대상으로 삼아, 그 안으로 들어가서, 노래 부르고 춤을 춰야만 인간과 세계에 대한 탐구, 나아가 휴머니티의 부활이라는 꿈을 이룰 수 있습니다. 전 세계는 자본주의 글로벌리즘으로 단일화해가고 있는데, 그 단위는 결국 기업이기 때문입니다. 그리고 기업 안에는 사람들이 우글거리고 있습니다. 기업은 계속하여 사람들에게 말을 걸고 있고요. 인문학의 대상이 기업이 되지 않아야 할 이유가 없습니다. 아니, 기업이 되어야만 합니다. 제 얘기가 아니라, 몽족 어느 노인의 말입니다. 그리고 이제부터 제가 감사의 뜻을 표하는 사람들의 목소리입니다.

scene #5

2003년 ~ 현재

프로젝트가 끝날 때마다 공허함이 꽤나 오래 남습니다. 그 기업의 사람들과 '어떤 보이지 않는 끈'으로 단단히 연결되어 있었기 때문일 겁니다. 공감共感과 공명共鳴의 끈. 자본주의의 선봉장으로 있는 기업에서도 '고대의 인간'이 똑같이 살아 있었습니다. 가장 많이 감사드려야 할 분들입니다. 그분들은 제 존재의 이유이자 스승님입니다. 한 프로젝트가 끝나면 언제나 한 뼘 더 성장해 있는 자신을 보고 깜짝 놀라곤 합니다. 이론도 성장했지만 무엇보다 '기업문화를 다루는 의미'가 더욱 깊어졌습니다. 어느새 그분들이 가르쳐주고 키워주었던 겁니다. 그렇다면 더 많은 사람들에게 돌려주는 것은 저의 의무입니다. 오랜 경제 행위의 하나인 증여 행위가 그러하듯이 '마음이 담긴 선물'은 더 크게 돌려주어야 하니까요.

일본의 아츠코 상, 이케다 상, 쿠도 상, 마츠바라 상, 그리고 이석우 지사장님을 비롯한 APJ 식구들, 김동영 대표님과 김승수 님을 비롯한 에뛰드 식구들, 그리고 '엔젤', '아리엘', '지니', 아모레 카운셀러와 뷰레이터 여러분께 약속합니다. '재를 뒤집어 쓴 아궁이'가 되겠습니다.

"결국 기업입니다. 응집력이 있잖아요. 세상을 바꾸고 싶다면, 기업을 움직이세요."

아모레퍼시픽 서경배 사장님이 해주신 말씀입니다. 이미 신화적 사고에 의한 경영을 체현하고 있는 분입니다. Asian Beauty라는 새로운 패러다임으로 공존과 조화의 세상을 열고자 하는 그 꿈, 이루시는 데 조금이나마 도움이 된다면 좋겠습니다.

보광훼미리마트 백정기 사장님께 1권과는 또 다른 마음으로 이 책을 드립니다. 불교의 방법론이 경영에서 쓰일 수 있다는 믿음을 주셨습니다. 언젠가 더 발전된 이야기로 보답하겠습니다.

제일모직의 이서현 부사장님께도 이 책을 드립니다. 지난 책에 보내주신 격려가 큰 힘이 되었습니다. 대화 속에서 제가 분명히 보았던, 인간에 대한 믿음과 문화에 대한 열정에 도움이 되기를 희망합니다.

그리고 저의 사부이자 동지, ACG의 마크 르바이Marc Lebailly와 AOStudley의 똬이 퐁 뉴엥Thoai Phong Nguyen에게 감사드립니다. 이번 책에서 기능 구조에 관한 내용은 마크가 조르주 뒤메질을 재해석하여 체계화한 이론에 많은 빚을 지고 있고, 프랑스 기업의 사례는 똬이 퐁의 도움을 많이 받았습니다.

같은 길을 걸어가는 사람이 있다는 것만큼 힘이 되는 일이 있을까요? 특히 그 길이 어렵다면 더더욱 그러할 터, '오래된 미래'에 대한 믿음을 같이하고 있는 진민주, 정화영 님께 두 손으로 이 책을 바칩니다. 아모레퍼시픽 기업문화팀의 임재연 팀장님, 제일모직 신문화팀의 양경직 팀장님, 제일기획의 박용국 프로, 대림산업의 유영기 차장님께도 이 책을 드립니다. 'Culture Pioneer'가 되시는 데 미약하나마 힘이 되었으면 합니다.

scene #6
2011년 3월 기업의 성배를 찾아서

성배 신화 얘기로 마칠까 합니다. 시몬느 베이유의 말입니다.
"성배 전설 최초의 것 중 다음과 같은 이야기가 있다. 성배는 성배의 공덕에 의해 성스러운 것이 되어 어떤 굶주림도 채워주는 힘을 가진 기적적인 돌그릇인데, 이 그릇을 소유할 수 있는 자는 그릇을 지키는 왕, 아픈 상처 때문에 몸의 반 이상이 말을 듣지 않게 된 이 왕을 향해 '당신은 어떻게 아프십니까'라고 최초로 말을 거는 사람이라고 한다."[1]

com –

영어의 접두사 가운데 com –을 참 좋아합니다. 강의나 워크

1
오에 겐자부로 지음, 채숙향 옮김, 《말하고 생각한다, 쓰고 생각한다》, 지식여행, 2005, 196~197쪽.

숍을 시작하기에 앞서 항상 com-에 대해 이야기하곤 합니다. com-으로 시작하는 단어 가운데 compassion을 가장 좋아합니다. 공감으로 번역할 수 있을까요? 저는 또한 공명으로 번역하고자 하는 욕구를 누를 수가 없습니다. 다른 이의 아픔을 헤아리고 그에 공명하는 것, 기업문화를 하는 사람들의 성배 신화라 생각합니다. 경영상의 문제를 '차갑게, 과학적으로' 보는 일에서 그 안에 있는 사람들의 진정 아픈 곳을 치유하고자 하는 마음이, 특히 '경영의 보이지 않는 영역'을 다루기에 더더욱, 기업문화를 다루는 사람들이 성배를 손에 넣게 하는 '유일한' 비법이라 생각합니다. 이렇게나 낭만적인 말을 끝으로 두 번째 오디세이의 문을 엽니다.

그 첫째 문장 역시 낭만적이어서,

"태초에 이야기가 있었습니다."

매 트 릭 스 는
상 징 적
질 서

다시 〈매트릭스〉의 세계로 돌아왔습니다. 우리는 네오Neo와 오라클 Oracle, 그리고 검은 옷을 입은 요원agent들과 함께 매트릭스의 세계를 횡단하며 기업문화라는 비밀의 문을 만났습니다. 혹시 아직 〈매트릭스〉를 보지 않았다면 이번 주말에 잠시 짬을 내보는 건 어떨까요? 이제 매트릭스의 세계를 종단해볼까 합니다. 〈매트릭스 2〉에서 네오가 '문'을 열고 소스source에 들어갔듯이 우리의 두 번째 여행에서는 매트릭스 안으로 좀 더 깊이 들어가겠습니다. 땅을 깊이 파고들면 근원 source을 만나는 법입니다. 우리도 매트릭스matrix라는 낱말의 근원, 즉 어원부터 시작해보겠습니다.

매트릭스의 어원은 mātr입니다. mātr는 인도-유럽어에 기원을 두고 있는 말로서 '모태, 태아를 감싼 자궁'이라는 뜻이 있습니다. 네오가 처음 매트릭스로부터 벗어나 깨어나던 장면을 떠올려보십시오. '탯줄' 같은 관을 통해 매트릭스에 접속'시켜' 인간을 '기르는' 장치가 꼭 그런 모양으로 생겼죠? 맞습니다. 매트릭스라는 이름이 붙여진 첫 번

매트릭스에서 깨어나는 네오

째 이유는 그렇게 인간을 '기르는' 장치이기 때문이죠. 기계는 왜 매트릭스 속에서 인간을 길러야 했던 걸까요? 그냥 먹이만 주면 될 것을 굳이 매트릭스라는 가상 세계에 살게 했냐 그 말이죠.

스미스 요원과 아키텍트Arichitect(매트릭스의 설계자)가 말했듯이 매트릭스가 없으면 '인간은 생존하지 못하더라'는 거죠. 지구상의 다른 모든 생명체와 달리, 인간은 집단을 이루어야만 살 수 있는 존재입니다. 집단 안에서는 서로 교류/교환/상호작용이 발생할 수밖에 없겠죠. 백 개의 머리를 가진 메두사처럼 혼란스럽기 마련인 교환관계를 질서 있게 만들어주는 것이 바로 문화입니다. 매트릭스가 그 기능을 담당했던 것이죠. 그러므로 매트릭스 안의 모든 사람들은 그에 따라 행동해야만 합니다. 기업이라는 특정한 집단 역시 매트릭스가 있어야만 존재할 수 있습니다. 매트릭스는 기업문화의 정확한 은유! 그러니 매트릭스가 보이지 않는 것처럼 기업문화도 보이지 않습니다. 그러나 그 기업 안에 있는 사람들의 모든 상호작용(교환관계)은 매트릭스에 따라 이루어집니다. 영화에서 매트릭스가 없으면 인간은 생존할 수 없었듯이, 기업문화가 없으면 기업 자체가 존재할 수 없습니다. 사실 기업문화는 기업 그 자체라고도 할 수가 있습니다. 매트릭스에 접속해 있는 인간들에게 매트릭스는 세상의 전부였던 것과 마찬가지입니다.

그런데 여기서 궁금증이 하나 생깁니다. 과연 매트릭스 안에서 일어나는 모든 상호작용, 모든 교환관계가 이루어지게 하는 것은 무엇이었을까요? 바로 매트릭스의 '코드'였습니다. 모니터에 떠다니는 빛나는 초록색 행과 열의 조합이었죠. 여기서 우리는 매트릭스라는 말이 지닌 두 번째 의미를 만나게 됩니다.

수학에서 matrix는 '행렬'을 의미합니다. 가로와 세로로, 마치 씨줄과 날줄처럼 배열된 숫자들의 조합이죠. 영화가 시작되자마자 가로로 죽 배열되었다가 다시 세로로 내려오던 초록색 기호들이 여자 주인공 트리니티의 전화 음성과 함께 모니터를 수놓던 멋진 장면을 기억합니다. 단지 수학에서만 매트릭스가 있는 게 아니더군요. 이후 하이젠베르크가 양자론에서도 행과 열로 이루어진 물리학 법칙을 발견했다고 합니다. 자연의 가장 근본적인 법칙도 행과 열로 이루어졌던 거죠. 수학 성적이 엉망이었던 저도 행렬은 좀 했는데, 그 이유가 아마도 지금부터 얘기할 '문화에서의 행렬' 때문이 아닐까요. 매트릭스의 행과 열로 이루어진 코드는 '언어의 두 축'에 정확히 대응합니다. 문화의 코드는 언어의 행렬로 이루어졌다는 것을 영화는 얘기하고 있는 것입니다. 그것은 바로 언어의 통합축syntagma(행)과 계열축paradigma(열)입니다.

백곰이(s)	다가온다(v)	→
형제가	닮았다	→ 통합축(환유)
그녀는	아름답다	→

↓   ↓

계열축(은유)

구조주의 언어학의 발견에 의하면, 인간의 어떠한 언어도 이 구조를 벗어나지 않습니다. 아니, 이 구조를 벗어나지 못합니다. 인간의 뇌는 사물을 언어 구조에 따라 인식하도록 진화했다는 것이죠. 기계는 참 영악하기도 합니다. 영화에서 기계는 인간의 오랜 진화 과정을 연구했는데 이러한 인식 구조는 결국 진화의 산물이라는 결론을 내렸죠. 중요한 점은 이 두 축에 의해 상징 작용이 발생하게 된다는 겁니다. 고차원의 상징 작용도 기본적으로는 은유와 환유에 의해 이루어지죠. 환유는 통합축(행)에서, 은유는 계열축(열)에서 이루어집니다. 결국 〈매트릭스〉라는 영화는 우리가 기반을 두고 있는 구조주의 인류학과 똑같은 말을 하고 있네요. "문화는 상징적 질서다!"

1

신 화

의

힘

'태초에 이야기가 있었다.'

새로운 경영 바이블성서은 이렇게 시작해야 할지도 모르겠습니다. 이게 도대체 무슨 말인지 궁금하시죠? 프랑스의 한 기업 이야기로부터 궁금증을 풀어보도록 합시다.

숨어 있던 신화

———

Office national des forêts National Forest Office, ONF라는 회사가 있습니다. 한국으로 치자면 산림청 정도입니다. 1966년 설립한 프랑스의 국영기업으로서, 프랑스 전역의 숲을 관리하고 목재를 생산하는 사업을 하고 있습니다. 2000년 기준으로 직원이 1만 2000여 명이고, 연간 총 매출은 600만 유로에 달했습니다.

국영기업이 일반적으로 그러하듯이 ONF도 안정적인 사업을 구가했습니다. 그러나 1990년대에 이르러 커다란 도전에 직면했죠. 유럽 통합으로 국가들 사이의 교역이 늘어나면서 목재 공급자들 간의 경쟁이 한층 치열해졌습니다. 수익성과 효율성을 높여야 했죠. 또 하나, 웰빙well-being 트렌드 확산과 법정 노동 시간의 단축으로 많은 사람들이 에코투어리즘eco tourism에 관심을 가지게 되었습니다. 프랑스 전역의 숲을 관리하고 있던 ONF로서는 목재 공급자의 역할과 더불어 레저 사업자의 역할에도 큰 비중이 실릴 수밖에 없었습니다. 엎친 데 덮친 격으로, 1999년에는 엄청난 폭풍이 프랑스를 강타하는 바람에 숲의 상당 부분이 파괴되었습니다. 수익 기반에 타격을 입은 그들에게는 변화만이 유일한 살 길이었습니다.

우수한 경영진이 가만히 하늘만 쳐다보고 있을 리는 없죠. 1990년대 내내 이른바 '경영 현대화'라는 이름으로 경영 혁신을 위한 여러 작업을 진행해왔습니다. 산업 프로세스를 개선하고, 밸류 체인value chain을 효율화하는 작업들을 해왔습니다. 조직을 체계화하고 여러 선진 HR 제도를 도입했습니다. 내부에 있던 프랑스 최고의 엔지니어들과 외부에서 스카우트해온 경영학 브레인들이 유수의 조직 컨설팅사와 함께 이러한 변화를 시도했죠. 연구 결과가 차곡차곡 쌓여갔습니다.

그러나, 참으로 유감스럽게도, 그 결과들은 창고에, 책상 서랍 속에 쌓여갔습니다. 사람들은 거의 변하지 않았습니다. 심지어 민간 기업에서 새로 영입한 유능한 관리자들도 기존 사람들과 거의 똑같은 행동 패턴을 보였습니다. 새롭게 도입한 고도의 경영기술은, 더 고도로 복잡한 조직과 관료주의를 아주 과학적이고 효율적으로 만들어갔습니다. 결국 경영진은 '보이지 않는 영역의 문제'임을 인식했죠. 기업문화의 힘을 실감한 것입니다.

인류학자가 투입되었습니다. 그들은 인터뷰와 담론 분석, 그리고 참여 관찰을 통해 집단 안에 내재된 심층구조structure를 파악해 들어갔습니다. 구조로부터 비롯되는 증후군을 읽어내기 위해, 구조주의 인류학의 창시자 레비스트로스Levi-Strauss, Claude가 그랬듯이, 숨겨진 신화myth를 찾아 들어가는 작업부터 시작했습니다. 그리고 마침내 저 심층에서 혀를 날름거리며 도사리고 있던 신화가 모습을 드러냅니다.

신화에 대한 오해 풀기

ONF의 신화를 만나기 전에, 먼저 신화에 대한 오해부터 풀어야겠습니다. "자본주의의 최첨단을 달리는 현대 기업에서 무슨 뜬구름 잡는 신화 얘기냐?" 하고 계시잖아요?

신화는 신들의 이야기가 아니다

한자로 神話라고 하면 신들의 이야기가 되지만, 우리가 지금 쓰고 있는 신화라는 개념은 유럽의 지적 전통에서의 미토스 mythos를 어원으로 하는 개념입니다. 그렇다면 이 미토스라는 건 뭘까요? 그리스어로 신화를 의미하는 미토스의 대립어는 로고스logos입니다. 아시다시피 로고스는 이성理性을 의미합니다. 그렇다면, 고대 그리스인들은 미토스를 비합리적인 이야기로 간주했던 걸까요? 그렇지 않습니다. 로고스, 미토스 둘 다 고대에는 모든 이야기narration에 적용하던 단어였습니다. 또한 둘 다 진리와 관련된 용어로 쓰였습니다. 인간이 진리에 접근하는 두 가지 측면을 지칭한 철학적 개념이었죠.

하지만 둘이 동일한 진리를 지칭하지는 않았다 합니다. 그 중요한 차이는 무엇이었을까요? 로고스, 즉 이성에 의한 사유는 그 본질상 진리의 영역에 속하지 않았습니다. 로고스가 진리로 인정받기 위해서는 논증의 과정을 거쳐야 하며, 논증이 만족스럽지 못하면 로고스는 비판의 대상이 되고 진리로 인정받지 못했습니다. 반면에 미토스는 비판과 확증에서 자유로운, 절대적으로 진실한 '말'이었습니다. 로고스가 조건적이고 간접적인 진리라면, 미토스, 즉 신화는 무조건적이고 직접적인 진리였습니다.

그런데 미토스는 어느 순간부터 진리로부터 멀어집니다. 질베르 뒤랑Gilbert Durand에 의하면, 기껏해야 250년에서 300년 전의 일이라 하더군요.[2] 이때부터 신화는 비합리적이고 황당무계

2
송태원 지음, 《상상력의 위대한 모험가들 ― 융, 바슐라르, 뒤랑》, 살림, 2005, 67 · 164쪽.

하고 '미개한 사고에 기반을 둔' 이야기로 인식되기 시작했습니다. 즉, 사고가 '덜' 발달했기 때문에 이성적이고 과학적인 사고를 못 하고 이런 신화를 만들어냈다고 생각한 것입니다. 지금 생각해보면 이런 오해는 오히려 귀엽기까지 합니다. 신화가 가진 고도의 상징성과 인간에 대한 깊은 통찰은 차치하고서라도, 우리는 이미 일상에서도 '그의 이야기는 이제 우리의 신화가 되어야 해'라는 투로 얘기하며 신화라는 것이 황당무계한 이야기가 아님을 상식적인 수준에서 인정하고 있으니까요. 이렇게 된 데에는 여러 인류학자와 종교학자들의 공이 큽니다. 뒤에서 살펴보겠지만 레비스트로스를 비롯한 일군의 학자들은 인류학적 고증과 구조주의적 분석을 바탕으로 신화적 사고와 과학적 사고를 인간 사고의 두 특성 —동시에 작용하는 사고의 두 측면—이라고 주장했고, 이에 영향을 받아 이후 신화의 '합리성'과 신화의 '힘'이 널리 받아들여지게 된 것이죠.

특정 문화만 신화가 있는 것이 아니다[3]

　모든 부족, 모든 문명과 문화권에 신화가 존재하고 있었습니다. 참으로 희한한 일입니다. 이로부터 '인간은 신화를 만드는 존재'라고 해석합니다. 즉, 인간의 마음은 신화를 낳게끔 되어

3
그러나 언제나 신화는 '특정 문화'의 신화입니다. 즉, 특정 사회의 신화는 그 사회의 문화를 반영합니다. 일본의 국토 기원 신화는 일본 사람들에게 의미 있는 것이지, 오스트레일리아 부족에게는 별 의미가 없겠죠. 그러나 일본도 오스트레일리아의 부족도 '신화를 갖고 있다'는 사실만큼은 부정될 수 없습니다. 인간 집단이라면 이야기로서의 신화를 갖습니다. 그리고 각기 다른 이 신화들이 공통의 내러티브 구조와 테마를 갖습니다.

있다고 가정하죠. 이렇게도 얘기할 수 있겠습니다. 인간의 뇌 구조는 원래 '신화적 사고'를 하게끔 되어 있다, 라고요. 레비스트로스는 신화에 숨어 있는 사고의 구조를 하나하나 밝혀나갑니다. 엘리아데Eliade, Mircea와 캠벨Campbell, Joseph은 신화의 보편적 이야기 구조를 찾아갑니다. 칼 융Jung, Carl G.은 그 안에서 무의식의 보편적 원형을 찾아냅니다. 그리고 일군의 생물학자들과 진화심리학자들은 신화를 만들어가는 뇌의 작용을 추적해갑니다. 여기에서 자세한 것까지 한꺼번에 말씀드릴 필요는 없겠습니다. 앞으로 여러 예를 들어가며 기업이라는 공간에서도 신화적 사고의 구조를 어떻게 활용할 수 있는지 살펴볼 테니까요. 일단 '집단으로서 인간 사회는 신화라는 것을 가질 수밖에 없고, 그러므로 인간은 신화적 사고를 한다'라는 점만 짚고 넘어갑시다.

신화는 옛날이야기가 아니다

그런데 신화학자나 인류학자들이 전 세계에 널려 있는 수많은 신화를 살펴보니까, 그 전부가 '존재하는 것들의 기원'을 얘기하고 있더라는 겁니다. 이를 달리 말하면 인간이라는 존재는 자신을 둘러싼 자연환경과 사회 환경의 모든 것을 '납득 가능하게' 해석하고자 하는 욕구를 가지고 있다고 할 수 있습니다. 그리하여 사람들은 신화를 만들어서 스스로에게 납득 가능한 우주의 질서를 부여하고 있던 거죠. 그러려면 기원을 알아야겠죠. 궁금하잖아요! 왜 바람이 부는지, 왜 사람은 죽는지, 왜 나는 엄마와 자면 안 되는지……. 그러니 신화는 모든 사물의 기원을 얘기하게 된 겁니다. 그런 고로 사람들은 신화를 그냥 옛날이야기가 아니라, '옛날에 그랬기 때문에 지금도, 그리고 나중에도 언제까지나 그러할' 이야기로 인식하게 됩니다. 즉, 신화의 시간은 과거→현재→미래처럼 직선적으로 흐르는 시간 개념에 의해 해석되는 것이 아니라, 정지되어 있는 시간이자 무한히 반복되는 시간인 동시에 새롭게 창조되는 시간으로 인식되고 있던 것이죠. 과거는 현재가 되고, 현재는 또 미래이기도 하고……. 신화에서 그렇게 말하고 있기 때문에 "'나와 우리'는 '지금' 이렇게 살고 있다"는 걸 합리적 이성으로 납득하면서 받아들이는 것이고요.

신화는 오래된 문화에만 존재하는 것이 아니다

신들의 이야기가 아닌 미토스로서 신화 개념을 받아들인다면, 현대에도 신화는 끊임없이 만들어지고 있습니다. 신석기 사회건 고대 문명이건 중세건 근대건 간에 상관없이 적어도 인간이 어느 한 집단을 이루면 신화는 어떻게든 '있습니다.' 신화를 안 가

지려 해도 어쩔 수 없습니다. 앞에서 본 바에 따르면 모든 인간은 신화적 사고라는 걸 하니까요. 인간 집단에 신화라는 것이 존재한다면, 아니 존재할 수밖에 없다면, 그러니까 고대 사회뿐만 아니라 100년 전이건 100년 후의 집단이건 '언제나' 신화가 그 안에 존재한다면, 그리하여 그것이 인간의 일반적인 사고 체계라고 한다면, 기업이라는 아주 특정한 인간 집단에 신화가 존재하는 것은 너무나도 당연한 일이 아닐까요? 이스라엘에도 미국에도 건국 신화가 있고, 알 카에다에도 신화가 있습니다. 그리고 애플에도 포드 자동차에도 뉴발란스에도, 그리고 당신의 회사에도 신화가 있는 것이지요.

ONF에도 신화가 살아 있었습니다.

얼굴을 드러낸 숲의 천사단
—

이제 ONF에는 어떤 신화가 있었는지 봅시다. 1966년에 공식적으로 설립된 ONF. 그러나 현재의 신화가 말하고 있는 기원은 무려 몇 백 년 전으로 거슬러 올라갑니다.[4]

4
ONF의 신화는 《기업인류학》(마크 르바이 · 알랭 시몽 지음, 편혜원 · 정혜원 옮김, 철학과현실사, 2010, 11~15쪽)에 언급된 내용에 살을 붙여 각색했습니다. 그러나 이 신화는 '기업에서의 신화의 힘'에 대한 극적인 사례이기 때문에 인용했을 뿐, 앞으로 보게 될 신화 구조 분석과 변환은 독자적으로 수행한 것이고 인용서와는 관계가 없습니다. 혹시나 저의 신화 방법론이 이 책의 저자에 누가 될까 염려되어 이 자리에 밝혀둡니다.

13세기 프랑스, 필립 4세가 왕관을 썼다.

필립 4세는 자신의 인생을 왕정 강화에 바치기로 결심한 사람이었다. 그는 신권神權에 대항했다. 왕에 대한 우위를 주장하던 교황청에 불복했다. 교황청을 아비뇽으로 옮기고 템플 기사단을 해산시켰다.

그것만으로는 부족했다. 신은 천상의 존재이기에 지상의 지배자인 왕의 힘을 능가할 수밖에 없었으니, 그가 찾은 해법은 왕권에 신권을 부여하는 것이었다. '신권을 상징하는 무언가'가 필요했다. 프랑스는 숲이 많은 나라였고, 산업혁명 이전의 숲은 언제나 미지의 세계이고 신비를 간직한 장소였다. 그는 숲으로 눈을 돌렸다. 숲이 우거진 지역적 특성, 그것도 인간의 손이 닿지 않은 자연 그대로를 간직한 숲의 존재는, 그 자체로 신의 영역이 되기에 부족함이 없었으니…….

그는 파리 근교의 숲을 다시 조성하여 '왕의 에덴동산'으로 만들었다. 쫓겨난 인간의 왕 아담은 그의 에덴동산으로 화려하게 복귀하게 되고, 에덴동산의 신은 야훼가 아니라 아담이 되었다. 이제 숲은 '지상의 신이 거하는 에덴동산'이 된 것이다.

이제 그에게는 숲을 지키고 관리할 신성한 소명을 부여받은 사람들이 필요하게 되었으니, 왕은 숲을 관리하는 조직을 만들었다. 그들은 또한 신의 영역을 관리하는 사람들, '숲의 천사단'이었다. 그들의 임무는, 신의 정원을 침범하는 자들로부터 숲을 지키는 것! 자연 그대로의 신성한 영역인 채로! 언제까지나!

심원에서 혀를 날름거리며 도사리고 있는 기원의 신화였습니다. 비록 회사 내부의 어떤 문서나 책에서도 이를 자신의 역사로 언급하고 있지 않았지만, 그들은 자신을 설명하는 논리의 근원을 이 이야기로부터 찾고 있었습니다. 기나긴 세월이 흐르면서 '숲의 천사단'은 자신들이 정말 천사인지는 망각했지만, 기원에 대한 이 이야기는 여전히 사람들의 의식을 지배하고 있었고, 그렇기에 그들은 외부의 침입자들로부터 신성한 '신'의 숲을 지키는 '천사단'으로서 행동했던 것입니다.

이야기의 힘은 강했습니다. 목재 생산을 위해 나무를 베어 가려는 시도는, 아무리 아니라고 부정해보아도, 그들의 마음속 깊숙한 곳에서 적의 침략으로 간주됩니다. 숲의 아름다움을 즐기려는 관광객은 신성한 숲을 범하려는 침입자가 됩니다. '숲의 천사단'의 공통되는 인식 패턴에 따르면, '일반인=숲을 모르는 사람=조화로운 숲의 파괴자'였죠. 오직 자신들만이 '숲을 아는 사람'입니다. 경영 혁신을 통해 이를 극복하려는 시도가 오랫동안 진행되었다고 했죠? 더 효율적인 경영 방식을 도입할수록 그들은 '더욱 숲을 잘 아는 사람'이 되어버린 것이지요. 수많은 실패의 원인은 바로 '기업의 무의식'에 있었습니다. 의식의 차원에서는 외부의 여러 혁신 방식을 수용했겠지만, 결국 숲을 모르는 외부 컨설턴트들의 간섭은 무의식에서 일찌감치 차단되어버렸고,

수많은 변화의 도구는 역설적으로 '숲의 천사단의 역할'을 강화하기 위한 아주 과학적이고 효율적인 수단이 되었던 겁니다.

자, 숨어 있던 이야기는 벌거벗은 몸을 드러내었습니다. 이제 어떻게 해야 할까요? 먼저, 기업에서 이러한 기능을 하는 이야기들을 '신화'라고 이름을 짓고, 그렇게 부르고, 그 실체를 인정하는 것으로부터 기업문화의 구조를 찾아 바꾸어가는 작업은 시작합니다. 신화는 '있습니다.'

신화란 무엇인가
———

이제 우리는 신화가 황당무계한 이야기라던가 거짓된 이야기가 아니라는 사실을 알았습니다. 그러나 거짓된 이야기가 아니라고 해서 과학적으로 참이라는 뜻은 아닙니다. 과학적 사실로 증명이 되어 참이 아니라, 지금의 사람들이 그에 따라 세상을 해석하기 때문에 참인 것입니다. ONF의 실제 창업 연도는 1966년입니다. 이 연도가 과학적 사실로서 참이라고 한다면, '13세기'는 신화적 사고로서 참입니다. 사람들이 자신의 기원을 그렇게 해석하고 믿고 있었기 때문이죠. 실제로 있었는지 아닌지는 모르겠지만, 그 옛날의 사건은 실제로 지금의 현실을 규정했고 사람들의 의식과 행동이 그에 기반을 하도록 하였습니다. 그러므로 그 이야기는, 엘리아데 식으로 말하자면, '트루 스토리true story'였습니다.5

지금까지 얘기한 내용을 다시 정리해봅시다. 인간의 의식은 '나름의 논리에 따라 자기가 속한 세상을 질서정연하게 해석하기 위하여' 신화를 만들었고, 그 신화에 따라 그 집단의 모든 것들이 의미를 가집니다.6 신화는 그 집단의 (그냥 역사가 아닌) 신성한 역사를 이야기하며, 그것은 원초의 때에, 시원始原의 때에 생겼던 일입니다. 말을 바꾸면, 신화는 때를 알 수 없는 어떤 기원의 시기에 있었던 특정한 존재의 행위를 통하여, 현재의 모든 현상들이 왜 이 모양으로 있는지를 말합니다. 하나의 섬, 식물, 특정한 인간 행동, 제도와 같은 존재하는 모든 것이 왜 지금 그렇게 있는지를 말하고 있습니다. 신화는 세계, 동식물, 인간의 기원뿐 아니라 인간의 오늘의 상황, 즉 죽음을 면할 수 없는 운명, 성별을 가지게 된 연유, 사회를 구성하는 계급, 끊임없는 노동, 따라야만 하는 규칙 등의 유래가 되는 모든 시초의 사건을 말합니다. 세계가 존재하고 인간이 존재하는 것은 신화가 얘기하듯이 '처음'에 어떤 일이 있었기 때문인 것이죠. 인간이 오늘의 모습으로 된 것은 그러한 신화적 사건의 직접적 결과이고, 사람들

5
미르치아 엘리아데 지음, 이은봉 옮김, 《신화와 현실》, 성균관대학교 출판부, 1985, 9쪽.

6
"우리가 원시적이라 일컫는 사고는 이러한 무질서에 대한 요구에 기초를 두고 있다. 그런데 이것은 모든 사고에서 마찬가지이며 우리에게 생소한 사고 형태를 아주 쉽게 이해하게 되는 것은 모든 사고 속에 이러한 공통성이 있기 때문이다." 클로드 레비스트로스 지음, 안정남 옮김, 《야생의 사고》, 한길사, 1999, 61쪽.

은 그러한 사건에 의해서 구성되어 있는 것입니다.

수렵을 주로 하는 부족이라면, 신화시대에 어떤 존재가 부족의 선조에게 고기잡이와 조리 방법을 가르쳐주었기 '때문에' 오늘도 고기잡이를 하고 있다고 믿고 그 일을 계속하는 것입니다. 물론 그 신화를 분석해보면 놀라운 합리성이 숨어 있는데, 이에 대해서는 앞으로 더 깊이 다룰 겁니다. 인간이 노동을 할 수밖에 없는 이유는 시지푸스가 그렇게 돌을 굴렸기, 아니 굴리고 있기 때문입니다. 신화는 인간을 실존적으로 구성한 최초의 이야기를 가르쳐주며, 우주에서의 존재양식에 관련되는 모든 것이 인간에게 직접 관련되고 있음을 말합니다.[7] 그렇기 때문에 신화는 언제나 참입니다. 우주 창조 신화는 세계가 존재하고 있다는 사실 자체가 입증하고 있기 때문에 참된 것이고, 죽음의 기원 신화는 죽을 수밖에 없는 인간의 운명이 그것을 입증하고 있기 때문에 참이라 할 수 있습니다.

이제는 '신화란 무엇인가'라는 물음에 어느 정도 대답할 때가 되었습니다. 신화란 '(내가 속해 있는) 세상의 모든 현상이 지금 왜 이런 모습으로 존재하는가를 스스로 납득하기 위한 이야기'입니다. 모든 인간 집단의 신화가 그러합니다. 기업이라고 예외가 될 수 없습니다. 지난 《기업문화 오디세이 1》의 여행에서 엿보았듯이 오히려 기업이야말로 아주 특정한 문화가 형성되는 장입니다. 비논리적으로 들릴지 모르겠지만, 우리는 인간이기 때문입니다. 집단을 이루어 살 수밖에 없는 존재가 인간이기 때문에, 모든 것을 해석하고자 하는 인간이기 때문에, 그리고 언어를 사용하는 동물인 인간이기 때문에 인간 사회에는 신화가 있습니다.[8] 이제 '인간이기 때문에'라는 말에 대해 더 얘기해보도록 하죠. '기업의 인간'도 인간, 즉 '호모 사피엔스 사피엔스'니까요.

호모 사피엔스 사피엔스의 경영학

호모 사피엔스 사피엔스는 현생 인류의 다른 이름입니다. 딴 사람도 아닌 바로 우리죠. 진화생물학에 의하면, 지금으로부터 십만 년도 더 된 까마득하고 까마득한 옛날에 네안데르탈인호모사피엔스이 진화하여 비로소 현생 인류가 지구에 출현한 이후 이 포유류의 뇌 구조와 지적 능력은 현대에 이르기까지 조금도 진화하지 않았습니다. 그들과 우리는 마음의 구조가 똑같다고 할 수 있죠. 경영학 얘기하다가 갑자기 고고학으로 넘어가서 조금 의아하시죠? 근현대의 과학이 구사해온 사고의 모든 도구는 신석기인의 지적 능력 속에 전부 준비되어 있었다는 얘기를 하려는 겁니다. 수만 년이라는 긴 시간에서 보자면 찰나에 해당하는

8
그리고 신화는 현재를 지배합니다. 어떤 이야기를 머릿속에서 만드느냐에 따라 자신의 기원도 달리 구성될 수밖에 없기 때문입니다. 예컨대, 그 기원의 신화가 1945년의 '해방' 이야기냐, 1948년의 '건국' 이야기냐에 따라 한국인의 정체성이 달라지는 것이죠. 몇 년 전에 일어난 '8월 15일'이라는 상징을 둘러싼 논쟁은 이처럼 이념을 넘어 '신화'를 차지하려는 싸움이라고 볼 수 있습니다. '신화'는 한국의 '현재'에서도 그 힘을 발휘하고 있는 것입니다. 하물며 그보다 작은 사회인 기업에서야 말할 것도 없겠죠. 신화는 문화의 모든 것에 관여합니다. 기업이라는 한 집단의 창업 신화는 모든 기업 활동의 준거입니다.

시간에 발달한 과학, 그리고 과학의 시간보다 더 찰나에 해당하는 시간에 발달한 경영학 역시 신화를 만들어온 신석기인과 똑같은 지적 능력 안에서 이루어진 겁니다. 수만 년이 넘는 시간 동안 인간은 그러한 지적 능력을 가지고 신화를 만들어왔고 신화를 통해 모든 세상을 해석하면서 삶을 영위해왔습니다. 또 다른 한편에서 현생 인류의 지적 능력은 '도구의 발전'을 이루었습니다. 석기, 철기를 거쳐 컴퓨터에 이르기까지, 이른바 생활의 진보를 이루어내는 지적 능력이 또한 인류의 뇌 속에 준비되었던 거죠. 전자의 지적 능력이 신화적 사고라면, 후자는 과학적 사고라고 할 수 있습니다.

신화는 문화의 비밀을 담고 있는 그릇인데, 이 그릇을 만든 것은 인간의 신화적 사고이니, 기업문화라는 비밀의 문을 열어가고 있는 우리로서는 신화적 사고에게 더 많은 얘길 해달라고 부탁하지 않을 수 없습니다. 신화를 낳고 있는 기업 구성원의 사고가 어떤 것인지를 이해하게 된다면 기업문화의 비밀은 저절로 보일 테니까요. 또한, 도구의 발전을 이루어온 과학적 사고는 자본주의 사회에서도 경영의 도구들을 계속 만들어가고 있습니다. 그러니 기업이라는 사회의 비밀을 캐보려는 우리로서는 이 둘을 같이 보지 않을 수 없습니다. 저는 신화적 사고와 과학적 사고를 인간의 마음이 낳은 한 쌍의 부부라고 비유합니다. 신화적 사고는 주로 우뇌의 작용에 해당하며 여성적/모성적입니다. 이에 반해 과학적 사고는 논리적 좌뇌가 주로 담당하며 남성적/부성적인 성격입니다. 또한 두 번째 여행이 무르익어갈 때쯤 우리는 어느새《기업문화 오디세이 1》에서 그려본 '기업문화Culture vs 경영활동Exchange'의 세계에 도달해 있을 것입니다. 자, 그 과정을 따라 가기 위해 우리는 '두더지의 발'이 되어 인간의 마음속으로 더 깊이 들어가 보겠습니다.

신화와 컴퓨터는 같은 구조
—

레비스트로스에게 신화적 사고가 뭐냐고 물었더니, 대뜸 신화의 구조가 컴퓨터의 구조와 같다는 놀라운(!) 얘기를 합니다. 아니 '미개인'이 어찌 컴퓨터와 같은 사고를! 그는 다시금 말합니다. 신화적 사고는 과학을 발생시킨 그 사고와 근본적인 차원에서는 같다고요. 그 구조는 바로 '이진법binary logic'입니다. 0과 1로 구성된 이진법과 같은 방식의 사고 과정에 의해 신화가 만들어졌다는 거죠.

우선 신화는 세계를 합리적으로 해석하기 위해 동물이나 식물, 사회관계 등 '나를 둘러싼 모든' 사물과 현상을 논리 조작 항項으로 설정합니다. 그리고 대립되는 두 항으로 나누어서 모든 우주의 체계를 설명합니다. 하늘과 땅, 남과 여, 자연과 문화, 신과 인간, 이승과 저승, 옥수수와 콩, 해와 달, 육지와 바다, 음과 양······. 이런 식으로 말이죠. 그리고 이 두 항과 항들을 유사성과 인접성의 원리에 따라 계속 연결시켜온 세계의 그림을 그립니다. 예를 들면, 하늘=남자=양陽=옥수수=독수리=······ 이런 방식으로요. 그리고 대칭되는 자리에, 땅=여자=음陰=콩=조개=······를 놓는 거죠. 모든 자연—정확히 말하면 인간이 해석할 수 있는 한의 자연이죠—과 인간이 그 안에 다 들어갑니다. 그 세계가 바로 우리가 한 번쯤 들어본 적 있는 토템totem인데요, 우리는 이러한 신화적 사고의 방법에 따라 4장에서 '기업 토템'을 만들어볼 것입니다.

과학적 사고는 반도체를 통과하는 전압의 변화를 이용해 0과 1의 두 항으로 만들어지는 디지털 세계를 낳았고, 신화적 사고는 울새나 갈매기, 홍어, 회색기러기, 고슴도치와 같이 두 가지로 모습이 변하는 동식물의 차이를 이용해서 신화를 만들었습니다. 납작한 홍어가 등을 보이면 1, 배를 보이면 0. 혹은 고슴도치가 둥그렇게 몸을 말아 가시를 보이면 1, 보통의 귀여운 모습이면 0······. 이런 구조를 이야기에 담아 신화를 만들었죠.

대립되는 두 항

전류의 흐름	−	+	+	−	+	+
디지털 신호	0	1	1	0	1	1
고슴도치 신화	💥	☺	☺	💥	☺	☺
자연 현상	건기	우기	우기	건기	우기	우기

예를 들어볼까요? 어떤 지역에서는 주기적으로 강한 동남풍
이 불어옵니다. 이 지역 동남풍의 기원을 설명하는 신화에서는
"납작한 홍어가 바람이랑 싸워 이긴 끝에 갈색 등을 보일 때는
바람이 불어오지 않고 하얀 배를 보일 때만 불어오기로 했다"는
식으로 바람이 주기적으로 불어오는 자연 현상을 설명합니다.[9]

리니지나 스타크래프트 같은 PC게임에서라면, 컴퓨터가 1과
0의 디지털 코드를 통해 모니터에 그려진 해안에 바람을 주기적
으로 불게 만들겠죠. 보아하니 신화적 사고는 신석기의 컴퓨터에
다름 아닙니다. 최첨단을 달리는 현대인은 신석기인의 사고와 그
구조면에서는 전혀 다르지 않다는 제 말이 실감나시나요? 그런
데 말이죠, 인간의 마음을 이루는 이 두 가지 사고—과학적 사고
와 신화적 사고가 결정적으로 달라지는 부분이 있습니다. 지금부
터 좀 더 눈을 크게 뜨세요. 비밀이 속살을 드러냅니다.

신화적 사고의 비밀 1 : 뫼비우스의 띠 만들기
—

과학과 신화가 다른 길을 가게 된 결정적인 지점은 무엇이었
을까요? 신화적 사고는 과학적 사고와 달리 언제나 두 개의 항

9
클로드 레비스트로스 지음, 임옥희 옮김, 《신화와 의미》, 이끌리오, 2000, 49~52쪽.

이 '동시에' '같이' 존재하게 하려는 특성이 있다는 것입니다.

과학적 사고가 만든 세계에서는 A와 대립되는 not A가 있으면 이 둘은 결코 동시에 같이 존재할 수 없습니다. A = not A? 앞 = 뒤? 말이 안 되죠. 이와 같은 아리스토텔레스의 모순율이 과학적 사고의 특성을 단적으로 설명합니다. 컴퓨터의 이진법에서는 0 아니면 1 둘 중 하나만 있을 수 있지, 0 = 1은 존재할 수 없죠. 과학적 사고는 두 개의 항 중 하나만을 택한 후, 그 항을 다시 이분법으로 계속 분해해갑니다.

그런데 신화에서는 0이 1과 '동시에' '같이' 존재합니다. 옷만 바꿔 입으면 호랑이가 인간이 되기도 하고, 스핑크스나 늑대인간 같은 반인반수의 생물들이 수시로 등장하질 않나, 예수처럼 신이면서 인간인 존재도 한둘이 아니죠, 주인공들은 저승과 이승을 막 넘나듭니다. 인류의 모든 문명과 문화에서 이러한 현상은 널려 있습니다. 엄마 옷을 입은 호랑이, 잘 아시죠? A = not A, 0 = 1은 어떻게 가능한 걸까요?

여기 종이 한 장이 있습니다. 앞면에 A를 뒷면에는 not A를 그려볼까요? 이 두 항은 앞면이나 뒷면 둘 중 한 면에만 존재합니다. A ≠ not A인 거죠. 그런데, 이 종이를 '살짝 비틀어서' 앞면과 뒷면을 이어볼까요? 여러분이 잘 알고 있는 뫼비우스의 띠가 만

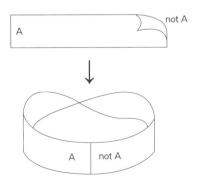

뫼비우스의 띠

들어집니다. A=not A가 된 거죠! 에셔Escher, M. C.가 그린 〈뫼비우스의 띠2〉를 보세요. 개미는 앞면을 기어가는 걸까요, 뒷면을 기어가는 걸까요? 전 잘 모르겠습니다. 앞을 가는데 뒷면을 가기도 하고, 뒷면을 기어갔는데 동시에 앞면을 걷는 것이기도 합니다. 앞=뒤, 0=1, 호랑이=사람, 신=인간, 삶=죽음! 이러한 인식 작용이 우리의 뇌 안에서 일어나고 있는 것입니다. 인간의 뇌는, 한편에서 앞뒤가 구분된 보통의 띠를 만들면서도, 또 한편에서는 끊임없이 그 띠를 꼬고 있습니다. 지금도.

'그녀는 나의 장미'라는 말도 구조가 똑같겠죠. 혹은 '우리에게 빵을 달라!'라는 말도요. 여기서 '빵'은 진짜 빵이 아니라 '생존권'의 의미니까요. 보세요. '빵=생존권'. '그녀=장미'. 'A=A 아닌 것'. 어? 왠지 국어 시간이 된 기분입니다. 맞아요. 앞의 것은 은유, 뒤의 것은 환유. 바로 '상징'입니다.

인간의 상징 능력은 신화적 사고를 거름으로 합니다. 인간은 상징을 사용할 수밖에 없는 동물, 즉 호모 심볼리쿠스homo symbolicus입니다. 즉, 인간의 뇌에서 일어나는 '마음속에서의 뫼비

뫼비우스의 띠2

49

우스의 띠 만들기'가 이러한 상징 작용으로 나타나는 것입니다. 인간이 상징을 사용하는 한 신화적 사고가 언제나 우리 마음속에서 일어나고 있다고 볼 수 있는 거죠. 사람마다 정도의 차이야 있겠지만요. 그리고 고도의 상징 능력을 이용해 띠 양쪽에 각각 위치한 모순적인 상황들을 해결하려는 인식론적 장치가 바로 신화입니다.

신화의 주인공은 '매개자'

———

다시 뫼비우스의 띠로 돌아와 봅시다. 신화에서는 언제나 이렇게 종이를 살짝 비트는 내용이 주를 이룹니다. 그래야 A와 not A로 나누어져 영원히 만날 수 없어 보이는 상태, 즉 '모순'을 해결할 수 있으니까요. 이렇게 '살짝 비틀어' 놓기 때문에 이해하기 어렵기도 하고, 허무맹랑한 이야기라고 많은 학자들의 오해도 샀지요.

신화는 논리적인 이야기입니다. 그러므로 무조건 A = not A라고 주장할 수만은 없습니다. 논리적으로 자연스럽게 연결되어야 하죠. 그러기 위해서는 '띠를 비틀어 돌리는' 등장인물이 있어야겠죠. 주로 양쪽의 경계에 선 중간자가 그 역할을 맡습니다. 이도 저도 아닌 것들. 한쪽의 고정 관념도 거부하고, 다른 쪽의 고정 관념에도 등을 돌리는 존재입니다. 경영에서 쓰이는 용어로 바꿔 말하면 '혁신적 존재'겠네요. 신화에서는 개구리, 제비아시아와 아메리카, 갈까마귀아메리카 인디언, 뱀에덴동산 외에도 전 세계 수많은 신화, 사람 옷을 입은 호랑이해님달님 이야기, 곰단군신화, 까마귀견우직녀 등이 대활약을 펼칩니다. 또한 저승에 갔다 와서 큰 변화를 만드는 존재는 신화의 단골 인물이죠. 이 세계와 저 세계가 '동시에' '같이' 존재하게 만드는 역할! 성모 마리아라는 매개자가 있었기 때문에 예수는 신이면서 인간이 될 수 있었던 것이고사실 그 전에, 인간도 신도 아닌 천사가 마리아를 찾아왔기 때문에 마리아는 잉태할 수 있었죠, 곰이라는 매개자가 있었기 때문에 신이면서 인간인 단군이 태어날 수 있었으며 또한 뿌리도 열매도 아닌 중간자적인 마늘이 있었기 때문에 곰은 인간이 되었지요, 제비죽음의 계절인 겨울과 생명의 계절인 봄의 매개자가 박씨를 물어왔기 때문에 흥부는 '착하면서도 동시에 부자인 사람'이 될 수 있었던 겁니다. 이런 예는 온 세상의 종교와 신화에 널려 있어서 밤을 새워 얘기해도 모자랄 지경입니다. 신화의 주인공은 '뫼비우스의 띠를 만드는 존재'라는 점만 머릿속에 넣고 가도록 합시다. 이 강의 내내 만나고 또 만날 테니까요.

　신화학에서는 이러한 주인공을 '트릭스터trickster'라고도 합니다. 도대체 합리적으로 예측할 수 없는 행동을 하는 존재이기도 하면서, 희한하게도 어떤 활약을 펼쳐 새로운 세상이나 질서를 만드는 존재이기도 합니다.

혹시 지금 머릿속에 사우스웨스트 항공이나 애플, 구글을 떠올리는 분이 있다면, 그분은 이미 이 여행에 깊이 동참하고 있는 겁니다. '기업＝컴퓨터＝정보 소유… vs 개인＝집＝정보 소비…' 이런 대립 구조를 해결하는 매개자들이 이 중엔 분명히 있죠? 여기서 우리는 중요한 결론 하나에 도달합니다. 바로 이러한 매개자가 신화의 주인공이라는 겁니다. 인간의 뇌에서 작동하는 신화적 사고가 그러한 존재를 원하고 있습니다. 기업 신화의 주인공도 당연히 매개자가 되는 겁니다.

신화적 사고의 비밀 2 : 짜깁기와 꿰어 맞추기
―

신화적 사고의 첫 번째 비밀을 풀었습니다. '마음속에서 뫼비우스의 띠 만들기'였죠. 더불어 신화의 주인공도 일단 찾아냈습니다. '띠를 비틀어 뫼비우스의 띠로 만드는 매개자'였죠. 하지만 신화적 사고에 대해서는 더 깊이 들어갈 필요가 있습니다. 거듭 말씀드리지만 신화적 사고는 기업문화를 낳은, 그리고 지금 이 순간에도 낳고 있는 어머니입니다. 그녀와 좀 더 친해지면 기업문화의 비밀에 대해 더 많은 얘기를 들을 수 있습니다. 자, 지금부터 얘기할 신화적 사고의 또 다른 특징은 '꿰어 맞추기의 대가'입니다.

과학적 사고와 신화적 사고가 결정적으로 갈라지는 또 하나의 지점은 '사고의 방향성'입니다. '부분을 향하느냐' 아니면 '전체를 향하느냐'라는 문제죠. 뒷면의 그림 두 폭을 볼까요? 하나는 레오나르도 다빈치Leonardo da Vinci의 〈최후의 만찬〉이고, 또 하나는 파블로 피카소Pablo Picasso의 〈아비뇽의 처녀들〉입니다. 그냥 척 봐도 왠지 다빈치 그림은 과학, 피카소 그림은 신화라고 대응이 되죠? 신화는 모호하고 이해도 잘 안 가는 데 비해 과학의 결과물은 언제나 명료하니까요. 저는 여러분의 '감感'이 옳다고 믿습니다.

과학적 사고가 '부분에 대한 해부학'이라고 한다면, 신화적 사고는 '잘려진 부분들의 봉합술'[10]이라고 할 수 있습니다. 피카소의 그림을 보세요. 이 시점, 저 시점, 옆의 시점, 뒤의 시점에서 본 얼굴과 신체를 하나에 통합시켜놓았죠? 하나의 그림에서 여자의 '전체'를 볼 수 있습니다. 괴물 같아 보인다고요? 그럴지도 모르죠. 그런데도 사람들은 피카소를 왜 그리 좋아할까요? 그의

10
레비스트로스의 '브리꼴뢰르bricoleur'가 바로 신화적 사고가 가진 이러한 특징을 비유하여 설명한 개념입니다. 우리말로 '손재주꾼' 정도로 번역할 수 있는데, 그 반대편의 과학적 사고는 '엔지니어'에 비유됩니다. 손재주꾼은 자신의 주위에 어떠한 재료가 주어지더라도 뚝딱뚝딱 조립해 무언가를 만들어내는 반면 엔지니어는 정해진 매뉴얼과 그에 적합한 재료가 있어야만 작업할 수 있습니다. 그 밖의 것은 '틀린 것'으로 간주하죠. 손재주꾼은 모든 것을 '가능한 것'으로 간주하고요. 기업문화를 다루는 작업 자체도 손재주꾼의 그것과 닮았습니다. 어떤 기업의 상황 그 자체를 그대로 인정하고 그 안에서 가능한 재료를 찾아 '뫼비우스의 띠를 꼬는' 것이죠. 이 개념은 《야생의 사고》(클로드 레비스트로스 지음, 안정남 옮김, 한길사, 1999, 70~77쪽)에 있습니다. 신화적 사고와 과학적 사고의 차이에 관해 재미있게 서술되어 있으니 꼭 읽어보시기 바랍니다.

최후의 만찬

아비뇽의 처녀들

그림이 어쩌면 인간이 갖고 있는 사고의 어떤 본질과 주파수가 맞기 때문이 아닐까요? '짜깁기'와 '꿰어 맞추기'를 특징으로 하는 우리의 신화적 사고는 그의 그림 속에서 너무나 아름다운 여인을 보고 있을지도 모릅니다. 레비스트로스에 따르면, 신화적 사고의 목적은 '가능한 한 빠른 방법으로' 자신을 둘러싼 세계에 대한 '전반적인 이해', 혹은 '총체적인 이해'에 도달하는 것입니다. 그러려면 하나의 이미지 안에 여러 이미지를 응축하는 편이 경제적이겠죠. 상징이 발생하는 또 하나의 이유입니다.

또한 그러한 사고방식은 우리가 '모든 것을 이해하지 못하면 아무것도 설명할 수 없다'는 것을 암시합니다. 인간은 '자신이 속한 세계를 전체적인 하나의 완결된 논리로 납득하지 않으면 참지 못하는 존재'라고 할 수 있는 거죠. 즉, 머릿속에 어떻게든 '전체'를 마련해두고 그에 따라 부분 부분을 끼워 넣어야 납득하는 것이죠. 과학적인 사고방식이 작용하는 방식과는 딱 반대 축에 있습니다. 과학적인 사고는 한 걸음 한 걸음 앞으로 나아가면서 특정한 하나의 현상을 파헤칩니다. 그런 다음에 그것을 전제로 또 다른 종류의 현상을 설명하려 시도하고…… 계속해서 이런 식으로 나아갑니다. 방정식을 푸는 것과 같죠. 데카르트가 말했다시피, 과학적 사고는 어떤 난제를 해결하기 위해 필요하다면 가능한 한 많은 부분으로 나누려 합니다. 매스를 들고 있는 외과의사가 연상되지 않나요? 과학적 사고는 '인식의 써전 surgeon'입니다.

부분에 대해 해부해 들어가려면 당연히 하나의 시점을 유지해야 합니다. 다빈치의 그림이 하나의 소실점에 따라 사물을 배치한 것과 같습니다. 그 소실점에 어긋나면 안 되는 거죠. '1+1 =?' 이라는 문제를 산수 시험 시간에 풀고 있다가 갑자기 '사랑 하나에 사랑 하나를 더하면 무한대' 같은 문학 시험에서나 가능한 생각을 떠올려서 정답으로 '1+1 =∞'라고 적는다면, 엄마한테 ∞로 혼나겠죠.

여기서 과학적 사고의 또 다른 특징을 만납니다. 하나의 소실점을 계속 유지한다고 했죠? 이 말은 이미 일종의 환원이 일어났다는 뜻입니다. 소실점이라는 '단일한 가치로의 환원'입니다. 눈을 돌리면 안 되는 겁니다. 이는 또한 추상과 개념화를 의미하기도 합니다. 사람 한 명이건, 돌 하나건 '1'이라고 표현하지 않으면 계산이 안 되기 때문이죠. 당신이나 개 한 마리나 숫자로 환원하면, 즉 1로 추상화하면 같은 존재인 겁니다. 화학 기호도 그러하고 경영학의 수많은 이론들도 그러합니다. 노동력, 노동생산성 등의 개념과 숫자로 '인간의 땀과 정성과 슬픔과 애환이 들어 있는 일'을 환원해야만 하는 것도 당연하고요. 경영학은 환원을 즐겨 합니다. 영어 앞 글자를 딴 약어, 예컨대 CRM, SCM

등을 좋아할 수밖에 없는 이유도 여기에 숨겨져 있지 않을까요?

기업문화를 만드는 신화적 사고는 환원을 거부합니다. 오히려 가능한 한 여러 시점을 '동시에' '같이' 존재하게 하려고 합니다. 그래야만 수많은 현상들을 '짜깁기해서 꿰어 맞출 수' 있을 테니까요. 피카소의 그림이 여성의 옆모습, 뒷모습, 앞모습, 위에서 본 모습을 한꺼번에 담고 있는 것과 같지요. 신화적 사고는 '인식의 피카소'입니다.

신화적 사고의 비밀 3 : 이야기로 만들기
—

그런데 이 '꿰어 맞추기' 작업을 내러티브narrative가 있는 이야기 형태로 만들어가는 게 또한 신화적 사고입니다. 그래서 어찌 보면 터무니없어 보이는―그러나 아까 말했던 '홍어와 바람' 얘기처럼 그 구조를 분석해보면 놀랄 만한 합리적 인식이 숨어 있는―이야기들이 만들어지는 거죠. 그리고 그 이야기에 따라 세상을 해석하는 거고요. 이렇게 비과학적인 것처럼 보이는 존재가 우리 자신이라는 사실을 인정하기 싫을지도 모르겠습니다. 하지만 어쩔 수 없습니다. 인간이라는 생물이 그러하니까요.

과학사학자인 마이클 셔머Michael Shermer는 이야기를 통해 세상을 이해하려는 인간 뇌의 이러한 특성을 '믿음 엔진'이라고 부릅니다.[11] 인간이라는 존재는 무언가가 우연히 일어났다는 것만으로는 만족하지 않고, 그 사건이 왜, 어떻게 일어났는지, 스토리를 알고 싶어 한다는 겁니다. 그래서 꿰어 맞추는 거죠.

그러나 '왜?'라는 질문을 던지는 것이 과연 비과학적이라 할 수 있을까요? 진화생물학에서도 내러티브를 만드는 인간 종種의 특성을 인정합니다. 생존을 위한 진화의 산물이 '이야기 만들기'라는 거죠. 본질적으로 불확실성으로 가득한 세상에서 벌어지는 사건들을 인과율로 엮어 하나의 이야기로 설명할 수 있는 능력은 인류가 진화의 역사에서 살아남기 위해 터득한 능력입니다. '신화적 사고를 하는 존재로서 인간'이라는 사실을 과학이 증명하는 재미있는 역설이네요.

정신분석학적인 측면에서는 이렇게 해석됩니다. 자크 라캉 Jacques Lacan에 의하면 심지어 무의식도 언어로 구조화되어 있기 때문에, 쉽게 말하면 욕망도 언어에 의해서 만들어지고 꿈도 언어처럼 꾸기 때문에 인간의 의식이 겉으로 드러날 때에는 이야기의 형태를 띠게 되는 것이라고 합니다. 인간은 주어진 재료가 있으면 일단 뚝딱뚝딱 조립해 전체에 끼워 넣습니다. 그리고 이야기를 만들어버립니다. 그래야 맘이 편하니까요. 내가 세상을

11
루이스 월퍼트 지음, 황소연 옮김, 《믿음의 엔진》, 에코의서재, 2007, 57쪽.

이해하고 있다는 믿음이랄까요? 그러므로 그것은 과학적으로 옳고 그른 것과는 별개의 문제입니다. 하지만 내적으로는 완벽한 하나의 논리를 갖고 있죠. 비합리=합리, A=not A! 그래야만 내가 이해하고 있다는 믿음을 줄 수 있을 테니까요. 요컨대, 우리 인간은 인식 구조 속에서 벌어지는 갈등이나 모순을 이야기 혹은 내러티브라는 장치를 통해 상징적으로 해결해보려는 뇌 구조를 가진 생물입니다.[12]

사실 점占이 존재하는 이유도 여기에 있지 않을까요? 으레 점술이라는 게 나름대로 완결된 논리 구조를 갖고 있는 이야기이기에 사람은 그것을 믿게 되고, 한 번 그렇게 세상을 해석하니 다른 것들도 그렇게 보이는 것이죠. 루머가 작동하는 방식도 그러하지 않을까 생각됩니다. 아, 그러나 오해는 마십시오. 신화적 사고는 과학적 사고와 그 출발에서는 같다고 했습니다. 온 세계를 합리적으로 이해하려는 장치였죠. 점술과는 다릅니다. 다만 저는 신화적 사고가 작동하는 방식에서 내적 논리는 완벽하고, 점占이 그런 것처럼 인간은 그러한 사고를 멈추지 않는다는 걸 강조하고 싶을 뿐입니다.

사실 이렇게 보자면, 과학적 관리 법칙에 따라서만 기업의 사람들을 다룰 수 있다는 '믿음'조차도 이러한 신화적 사고의 산물이라고 볼 수 있습니다. 많은 경영자나 인사 관리자에게 조심스

12
장대익 · 신재식 · 김윤성 지음, 《종교전쟁》, 사이언스북스, 2009, 542쪽.

레 물어봅니다. 스스로는 신화적 사고에 의해 움직이면서도, 왜 다른 사람을 다룰 때에는 이러한 사고를 배반하고 있는지.

요점은 이렇습니다. 과학은 부분을 분석적으로 자세히 파헤쳐 들어가지만, 신화는 세계의 모든 것을 총체적으로 다룬다고 할 수 있죠. 이야기로 말이죠. '세계를 보는 안경'이 되는 이야기가 바로 신화라고 할 수 있습니다. 빨간색 안경을 쓰면 세상은 빨갛게 보이고, 파란색 안경을 쓰면 파랗게 보이겠죠. 과학마저 신화를 통해 구축된 세계관에 의해 성립된다고 할 수 있습니다.[13]

이렇게 보면, 신화의 성격은 기본적으로 보수적입니다. 과학적 사고가 부분을 계속 쪼개면서 앞으로 나아가며 진보와 변화를 추구한다면, 신화는 그 과학의 성과마저 기존의 질서로 흡수하여 또 하나의 완결된 전체를 만들어버리기 때문이죠. 그러나 신화적 사고는 언제나 과학적 사고를 자극합니다. 변화를 멈추지 않기 때문이죠. 새로운 현상이 나타나면 그것을 논리적 이야기로 다시 만들어야 할 테니까요. 과학적 사고가 쪼개고 쪼개다 발견을 멈출 때, 신화적 사고는 그것마저 통합하여 새로운 의미체계를 만들어버리니까, 과학은 깜짝 놀라 다시 제 길을 갑니다. 그러므로 신화에 의한 세계 인식 역시 다시 깊어지고 풍부해질 수 있는 것이고요. 이렇게 둘은 '사고의 다른 두 측면'으로서 상호보완적인 역할을 합니다.[14]

13
"시계가 태양계를 은유하는 것이 그렇듯, 기계가 유기체를 은유하는 것은 과학적인 진실을 담고 있는지도 모른다. 하지만 이러한 은유는 문화적인 산물임을 우리는 깨달아야 한다. 인간을 비롯해 모든 것을 기계로 비유해야 할까, 아니면 물, 바람, 바위 그리고 사람 등 만물에 정령이 깃들어 있다고 떠받들어야 할까? 그것은 문화의 산물이다. 즉, 문화에 따라 다르다." 칼 N. 맥대니얼 · 존 M. 고디 지음, 이섬민 옮김,《낙원을 팝니다》, 여름언덕, 2006, 143쪽.

그녀가 살고 있는 비밀의 집, 무의식

얘기가 조금 샜네요. 다시 돌아와 봅시다. 우리는 신화적 사고에게 계속 말을 건넨 끝에, 그녀의 성격 세 가지를 알아냈습니다. 하나는 대립되는 두 항을 동시에 같이 존재시키려는 성질, 또 하나는 전체에 꿰어 맞추려는 성질, 마지막으로 내러티브를 만들려는 성질입니다.

이 세 가지 성질 모두가 같은 주인공을 신화라는 스크린에 출연시키고 있었음을 또한 확인했습니다. 그 주인공은 바로 '매개자'였죠. '동시에' '같이' 존재시키려고 해도, 모순되는 현상을 '꿰어 맞추려고' 해도, '말이 되는 이야기'를 만들려고 해도, 필요한 건 매개자였으니까요. 신화에서 가장 중요한 역할을 담당하는 것이 바로 매개자입니다. 잘 기억해두세요. 뒤에서 신화를 분석할 때와 신화를 변환transforming할 때 중요하게 다뤄집니다.

자, 눈썰미가 빠른 분이라면 '그녀의 세 가지 성격'이 모두 상징과 연관되어 있다는 것을 발견했겠죠? 더 치밀한 분도 있네요. 인간의 상징 능력을 얘기할 때 제가 '인간의 축복받은 능력'이라 하면서 '(혹은 저주받은)'이라 덧붙인 걸 지적합니다. 말 나온 김에 '상징을 사용할 수밖에 없는 존재로서의 인간, 즉 상징적 인간'

14
"이것을 마치 인식의 발달 과정에서 두 단계라거나 두 국면이라고 생각하는 것은 큰 오류다. 두 가지 접근 방법은 동일한 가치를 지닌다. … 신화적 사고는 사건과 경험의 포로가 되어 그것들이 의미를 발견하도록 끊임없이 요구한다. 그러나 그것은 단순히 그렇게 포로일 뿐만 아니라 해방자이기도 하다. 무의미하게 된 것에 대해 과학은 타협하고 포기했으나 신화적 사고는 끊임없이 이의를 제기하고 있으니까 말이다. … 과학자는 구조를 이용해서 사건을 만드는 데(세계를 변하게 하는 데) 비해 '손재주꾼'은 일어난 사건을 이용해서 구조를 만드는 것이다." 클로드 레비스트로스 지음, 안정남 옮김, 《야생의 사고》, 한길사, 1996, 77쪽.

에 대해 조금 더 얘기해볼까요?

과학적 사고는 사물과의 일대일 대응을 원칙으로 합니다. 예를 들어, 독버섯=먹을 수 없는 것. 깔끔하죠. 그래야 독버섯을 안 먹고 잘 살아갈 수 있을 테니까요. 그런데 하필 인간이라는 존재는― 정확히 말하면 호모 사피엔스 사피엔스로서 인간입니다. 왜냐하면 네안데르탈인도 사물과의 일대일 대응을 원칙으로 하는 언어는 갖고 있었다는 것이 정설이니까요.[15] ― 거기에다가 '치명적인, 그러나 거부할 수 없는 유혹' 같은 상징을 더 갖다 붙입니다. 삶이 어려워지는 거죠. '저주받은' 뇌를 가졌기 때문입니다. 독버섯을 먹고 환각을 겪어본 인간이라면 '별천지로 향하는 통로'라는 등등 상징도 만들어내겠죠.

이처럼 신화적 사고는 언제나 1 대 多의 대응을 불러옵니다. 그리고 모든 현상을 꿰어 맞추어 "버섯이 이느 붉은 여인으로 변해서버섯=여인, A=not A 깊은 입맞춤을 하고는입맞춤=먹는 행위, A=not A 저 먼 우주로 나를 데리고 가서 그 비밀을 알려주었다"는 이야기를 만들어냅니다. 이야기는 독버섯에 대한 과학 지식과 더불어 문화 지식까지 전수해줍니다. 먹을 수 없는 독버섯이 그 문화에서는 유혹적인 여인을 상징하거나, 특별한 사람들의 비밀 결사에서 환각제로 쓰인다는 지식까지 이 이야기는 말하고 있습니다! 신화는 문화의 비밀을 담고 있는 그릇입니다.

15
나카자와 신이치 지음, 김옥희 옮김, 《대칭성인류학》, 동아시아, 2005, 80쪽.

그런데 공교롭게도, 이렇게 신화적 사고가 작동하는 방식은 무의식이 형성되는 방식과 꼭 같습니다. 실제 정신분석학의 성과에 따르면 인간의 무의식은 과거-현재-미래를 구분하지 않으며, 전체와 부분, 개체와 종, 자아와 타자를 하나로 취급합니다. 모든 현상을 분해하지 않고 전체로 통합합니다.[16] 다름 아닌 '뫼비우스의 띠 만들기'입니다. 뇌 과학자들은 무의식의 이러한 작용을 대뇌 피질에서의 감마파의 활성화로 설명하기도 합니다.

인간의 신화적 사고가 신화라는 이야기로 드러난다면, 인간의 무의식은 꿈으로 드러납니다. 꿈속에서는 이미지의 응축과 전이가 일어납니다. 친구가 갑자기 개로 바뀌기도 하고응축, (당신이 남자라면) 수도꼭지를 콸콸 틀었는데 오줌을 지렸거나전이 : 성기의 특징 → 수도꼭지 하는 꿈의 경험, 있으시죠? 실제로 어젯밤 저의 달콤한 꿈에서 애인과 한창 사랑을 나누고 있는데 갑자기 애인이 모 여배우로 변해 있더라고요! 그런데 다시 보니 이런, 평소 눈여겨보았던 이웃집 여인이…… 몇 개의 이미지가 한 장소에 '동시에' '같이' 존재할 수 있는 공간, 당신의 무의식이 그려낸 꿈속입니다. 응축은 은유, 전이는 환유와 같은 작용입니다. 프로이트Freud, Sigmund는 꿈속의 이미지가 이러한 응축과 전이 같은 일종의 상징 작용에 의해 변형된 것으로 보고, 상징이 일어나기 이전의 시초의 대상은 무엇이었나를 추적해 들어갑니다.[17] 이는 우리

16
필 멀런 지음, 이세진 옮김,《무의식》, 이제이북스, 2004, 86~91쪽.

17
지그문트 프로이트 지음, 임홍빈 외 옮김,《새로운 정신분석 강의》, 열린책들, 2004, 36~41쪽.

가 신화를 역으로 추적해 들어가는 것과 꼭 같습니다. 앞에서 보았듯이 신화는 상징을 풀어 쓴—그러나 동시에 온 세계를 과학적으로 해석하는 합리적인—이야기였습니다. 매개자들로 연결되고 연결되어 전이의 과정을 통해 만들어낸 이야기를 싹 걷어내면 결국은 응축되고 중첩된 이미지인 상징만이 남겠죠. 무의식의 발견에 열광했던 초현실주의 화가 살바도르 달리_{Salvador Dali}의 그림처럼 말이죠.

　그림은 정지되어 있지만 꿈속에서는 이야기가 전개되지요. 무언가 앞뒤가 안 맞아 보이지만, 분석해보면 논리가 맞아떨어지는 이야기가 전개됩니다. 그렇습니다. 다름 아닌 신화입니다. 신화는 인간의 무의식에 작용을 합니다. 무의식의 구조에 의해 탄생한 것이 신화이고, 다시 신화는 같은 구조의 무의식에 말을 겁니다. 우리가 신화를 분석해 들어가는 것과 크게 다르지 않은 방법으로 정신분석학자들은 꿈의 논리를 분석해 들어갑니다. 인간의 '축복받은, 동시에 저주받은 마음'이 여기 또 있었습니다. 신화적 사고가 머무는 집은, 바로 인간의 무의식입니다.

나르시스의 변모

'기업문화는 기업의 무의식' 시즌2

 ─

　논의를 전개해가다 보니, 마침내 우리는 신화적 사고와 무의식이 만나는 지점에까지 도달했습니다. 결국 우리가 지난《기업문화 오디세이 1》에서 만들어놓은 기업의 구조를 다시 만났습니다. 반가우시죠? '무의식으로서의 기업문화 vs 의식으로서의 경영활동'의 구조였죠. 하지만 다른 점이 있습니다. 지난번에 우리는 '올라가기 위해 치워버려야 할 사다리'로서 기업문화를 기업의 무의식이라 정의했습니다.

1) 보이지 않는 곳에서 경영에 작동하는 힘
2) 보이는 영역인 경영전략과의 정합성을 이루어야 함

　기업문화라 일컬을 수 있는 현상이 가진 이러한 두 특성을 모두 고려한 방법론적 정의였죠. 중요한 내용이니, '기업의 무의식으로서의 기업문화'의 내용을 다시 한 번 정리해보겠습니다.

• 무의식처럼 보이지 않습니다. 적어도 그 기업의 문화 안에 있는 사람들은 너무나 자연스럽고 당연하게 그에 따라 행동합니다.

- 그러나 사람들의 의식과 행동을 지배하고 있습니다. 의식이 언제나 무의식의 영향을 받는 것과 같이 모든 경영활동은 기업문화의 영향 안에서 이루어집니다.
- 기업의 생존을 위해 반드시 필요합니다. 기업이라는 한 집단 안에 사람들이 모여서 공동생활을 하게 해줍니다. 의식 차원에서의 기억이 망각되어야(무의식으로 저장되어야) 한 개인이 살아갈 수 있듯이 말이죠.
- 기원을 갖고 있습니다. 무의식에서 정신분열의 기원이 되는 유년기의 정신적 외상이 잠재되어 있는 것과 같이 기업문화도 특정한 문화가 형성된 기원이 있습니다. 그 기원을 담고 있는 것이 신화입니다.

이제 우리는 여기서 한 발 더 나아가 '보이지 않는 곳에서 작동하는 힘'을 형성하는 것이 (단지 구조의 유사성에 의한 비유가 아니라) 실제로 인간의 무의식임을 알았습니다. 문화의 비밀을 담고 있는 것이 신화인데, 그 신화를 낳은 것은 신화적 사고였습니다. 그리고 신화적 사고는 바로 무의식에서 비롯되었습니다. 문화를 사회의 무의식이라 했던 레비스트로스도 '신화를 만드는 것은 인간의 무의식'이라고 했습니다. 그렇다면 우리 역시, 지금까지의 논의를 따라, 그리고 레비스토로스와 프로이트의 말을 따라, 다음과 같은 새로운 '빙산'을 다시 그려볼 수 있습니다.

이 두 가지 영역이 '동시에' '같이' 기업이라는 하나의 세계를

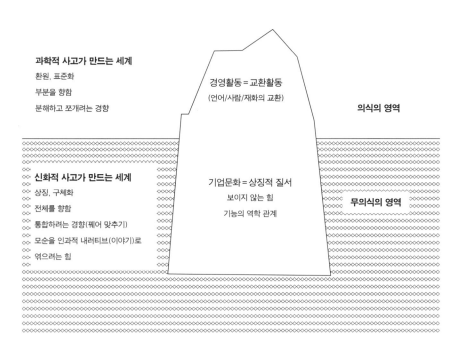

기업문화와 경영활동 = 신화적 사고와 과학적 사고 = 무의식과 의식의 관계

과학적 사고가 만드는 세계

환원, 표준화

부분을 향함

분해하고 쪼개려는 경향

경영활동 = 교환활동

(언어/사람/재화의 교환)

의식의 영역

신화적 사고가 만드는 세계

상징, 구체화

전체를 향함

통합하려는 경향(꿰어 맞추기)

모순을 인과적 내러티브(이야기)로

엮으려는 힘

기업문화 = 상징적 질서

보이지 않는 힘

기능의 역학 관계

무의식의 영역

만들어갑니다. '기업의 다른 두 측면'으로서 상호보완적인 역할을 하는 것이죠. 신화적 사고와 과학적 사고가 인간 사고의 두 측면에서 작동하는 방식과 꼭 같습니다. 무 자르듯 딱 나눌 순 없지만, 기업문화는 인간의 신화적 사고가 주로 작동하는 영역이고 경영활동은 과학적 사고의 특성과 보다 밀접한 관계가 있는 것이죠. 인간의 사고라는 게 이렇게 두 측면을 '동시에' 갖고 있고, 그것이 기업문화와 경영활동에 어느 정도 대응한다면, 우리는 경영을 하는 데 당연히(!) 기업문화와 경영전략을 '같이' 고려해야만 합니다.

물리학의 용어를 빌려, 그리고 나카자와 신이치 교수의 대칭성 인류학[18]의 개념을 계승하여, 저는 이를 '대칭적 경영'이라고 부르겠습니다. 양쪽의 방정식이 겉으로는 달라 보여도 그 변수와 상수가 밀접한 상호 관계가 있어 한쪽에서 변화를 고려하면 다른 한쪽도 반드시 같이 고려해야 하는 상태를 물리학에서는 대칭성symmetry이라고 합니다.[19] 전기의 양이 변화하면 자기도 같이 변화할 수밖에 없는 맥스웰의 방정식처럼, 속도의 변화는 시간의 변화를 반드시 초래한다는 아인슈타인의 방정식처럼, 경영활동의 변화는 기업문화에 변화를 가져올 수밖에 없습니다. 한쪽만 고려할 경우 보이지 않는 대칭성에 의해 다른 한쪽마저 제대로 굴러가지 않습니다.

18
현대 일본을 대표하는 종교학자 나카자와 신이치 교수는 종교학과 신화학, 정신분석학과 경제학을 넘나들며 신화, 경제, 종교, 정치, 무의식 등에 숨겨진 공통된 구조를 탐구한 끝에, '인간의 본질'은 대칭성에 있음을, 인간의 행복도 대칭성에 있음을 발견하고 이를 '지극히 비대칭화한' 현대 사회를 치유하는 도구로 삼고자 합니다. 저도 기업이라는 장에서 이에 동참하고자 합니다.

과학적 사고의 세계, 경영활동

　의식의 영역에 속하는 경영활동은 과학적 사고에 의해 움직입니다. 그것은 기본적으로 '교환'을 전제로 한 세계입니다. 지난 여행에서 함께 보았었죠? 구조주의 인류학에 따르자면 인간 사회는 언어, 여자남자, 재물의 교환을 전제로 성립된 체계입니다. 기업의 경영활동 역시 '언어의 교환', '사람의 교환', '화폐의 교환'으로 이루어진 체계입니다. 교환이라는 말은 커뮤니케이션, 교류, 상호작용 등 우리말로는 때에 따라 다양한 의미로 쓰일 수 있습니다. 언어의 교환에는 기업에서 공식적으로 쓰이는 모든 용어와 문서 체계 등이 해당될 것이고, 사람의 교환에는 채용, 평가, 이동, 퇴직 등 조직도의 체계가 포함되며, 화폐의 교환은 재무제표상의 모든 활동입니다.

　이 영역은 과학적 사고에 의해 움직여야만 합니다. 교환의 당사자간에 측정 가능하고 환원 가능한 등가等價 교환의 원칙이 성립되어야 합니다. 언어는 표준화, 기호화되어 모호함이 제거되어야 합니다. 결재 문서에서 쓰이는 용어가 부서마다 다르다면 도대체 일이 되겠습니까? 기업만의 고유한 용어들을 만든다 할지라도 적어도 기업 안에서는 모호함 없이 명확하게 서로 공유

19

양전자가 있으면 음전자가 있고 입자가 있으면 반입자가 있듯이, 소명이 있으면 비전이 있고 의무가 있으면 금기가 있습니다. 암컷이 있으면 수컷이 있고 태어남이 있으면 소멸이 있습니다. 우리가 보았던 '두 개의 항으로 이루어진 신화의 구조'! 무언가 세상의 원리가 보이시나요? 경영의 원리는 이와 다를 거라 생각하시나요? 물리학의 대칭성에 관해서는 《평행우주》(미치오 카쿠 지음, 박병철 옮김, 김영사, 2006, 166~171쪽)를 참고하면 좋습니다.

되어야 합니다. 예컨대, CEM이라는 용어가 어느 부서에서는 Customer Energy Magnification이라 하고 또 어디에선 Customer Experience Management라고 하면 안 되겠죠. 과학적 사고의 특징은 환원이라고 했죠? 하나의 소실점! 인간의 언어는 기본적으로 상징을 내포하고 있기 때문에, 경영활동의 영역에서는 언어를 기호화해서 모호함을 최대한 제거하려 합니다. CRM, SCM, SI…… 뭐 이렇게요. (사실 불가능한 시도이긴 하지만) 이 언어들 역시 측정 가능해야 합니다. '6시그마'처럼 공통의 문서 서식과 분량을 추구하려는 경향은 경영의 장에서는 언제나 내재되어 있습니다. '원 페이지 보고서one page proposal'가 대유행을 탈 수밖에 없었던 이유도 짐작하시겠죠?

그러나 언어는 명확성, 측정 가능성이라는 측면에서 숫자를 따라갈 수 없습니다. 재무제표야말로 '환원계의 큰형님'이라고 할 수 있습니다. 인간의 노동과 믿음과 열정은 재무제표 안에서 판관비 항목으로 환원됩니다. M&A를 앞둔 두 기업간의 행동 양식의 차이 등도 유동 자산, 잉여금 처분 계산 항목에서의 숫자 안에서 사라지게 됩니다. 가장 명확함이 요청되는 항목들이기에, 반드시 환원을 해야만 하는 것이죠. 신화적 사고가 작동하여 재무제표에 '1+1=∞'라고 해버린다면 당장 분식회계로 쇠고랑을 찰 겁니다.

조직 체계 또한 확실히 구분되고 관리와 통제를 할 수 있어야 합니다. 이윤 창출의 가치 사슬을 고려하여 조직도를 그리고 그에 따라 사람들을 분류해놓아야 합니다. 사람은 CG1234 등의 사번社番으로 환원되어야 하며, '사업지원부문 인사총무부 인사과 과장 레비스트로스' 이렇게 측정 가능한 좌표가 정해져야 합니다. 계층화를 통해 통제의 폭이 미칠 수 있는 권위의 피라미드를 만들어야 합니다. 그리고 인간은 '인적 자원human resources'이 되어야지요. 그래야 노동력이 측정 가능해집니다. 수요를 예측하여 인적 자원 예산을 편성하며 측정 가능한 성과에 대해 보상합니다.

이처럼 A ≠ not A의 사고가 작동하는 경영활동의 영역에서는 과학의 문법이 적용되어야만 합니다. 현대 경영의 방법과 프로세스는 표준화, 전문화, 계획과 통제, 계층화, 정렬alignment, 그리고 보상 체계를 원칙으로 합니다. 이는 현대 경영 이론가들이 대부분 동의하는 원칙입니다. 기업의 업무 효율성을 극대화하는 방법에 관해 약 100년 동안의 연구와 실습을 진행해온 결과이며, 현대 경영이 자랑스럽게 생각하는 유물입니다.[20] 회계학이나 인사조직론, 전략경영론처럼 명확한 구분과 측정을 전제로 하는 이론들이 이 원칙들에 적합합니다.

20
게리 해멀 지음, 권영설 외 옮김, 《경영의 미래》, 세종서적, 2009, 175~177쪽. 위대한 경영자인 저자는 이 책에서 '100년 동안의 자랑스러운' 성과라는 표현을 반어적으로 쓰고 있습니다. '기껏 100년'이라는 거죠. 저자는 수천, 수만 년 동안의 인간의 지혜에 충실한 것이 결국 '경영의 미래'라고 예언하고 있습니다.

신화적 사고의 세계, 기업문화

—

그러나 신화적 사고가 작동하는 기업문화의 영역은 '애매모호함'이 특성입니다. 뫼비우스의 띠처럼, 꿈과 상징처럼 여러 차원이 하나에 중첩되어 있습니다. 그러다 보니 과학의 문법으로는 포착되지 않습니다. 포착되지 않으니, 우선은 무시해버리려 합니다. '측정할 수 없는 것은 존재하지 않는 것이다!'라는 경영학의 (특정한 일부의, 그러나 널리 신봉되는) 모토에 기반을 두자면, 기업문화는 아예 '존재하지 않는 존재'가 되어버리는 거죠. 기업문화는 경영의 부수적인 문제로 생각해버리면 간단합니다.

그러나 이미 그럴 수가 없습니다. 《기업문화 오디세이 1》을 거쳐 지금에 이르는 동안 우리의 눈은 기업문화의 보이지 않는 힘을 볼 수 있을 정도로 깊어졌죠. 측정할 수 없는 것은 존재하지 않는 것이라는 믿음은 실험적으로도 증명이 되지 않는 아주 순진한, 말 그대로 '신화적 믿음'일 뿐입니다.

이 영역의 '교환'은 단일한 가치로 측정할 수 없습니다. '언어'의 교환은 다차원적인 상징을 기반으로 하고 있고, '사람'의 교환도 정情, 인격, 신뢰, 평판, 기쁨 등의 가치가 따라붙습니다. 이 영역에서 교환되는 '재화'도 단일한 화폐 가치와 사용가치로 환원될 수 없습니다. 마치 크리스마스 선물gift이 그러한 것처럼 정성, 명예, 사랑, 존경 등이 상품 하나의 교환에 따라붙죠. 인류학자 마르셀 모스Marcel Mauss는 이를 '교환'과 구별하여 '증여don'라고 하였습니다.[21] 무엇보다 다차원적인 가치들은 '이야기'에 담깁니다. 물건 하나의 교환에도, 말 한마디에도, 사람의 이동에도 다차원적인 의미를 담은 이야기가 따라붙는 것이죠.

피카소의 그림에 다빈치의 원근법을 적용할 수는 없는 법이지요. 굳이 적용하려면 하나의 시점으로 환원해야만 합니다. 〈아비뇽의 처녀들〉을 훔쳐본 피카소의 여러 시점 중 하나만 보는 것이죠. 그럴 경우, 한 처녀의 몸이라도 제대로 보일까요? 아니, 여인들을 바라보던 피카소의 황홀했던 마음을 오히려 왜곡하는 행위가 아닐까요? 기업문화를 경영학의 인사조직론, 경영이념론, 6시그마 이론 등으로 다루려는 환원론이 이에 해당하지요. 다차원이 일차원이나 이차원의 세계가 되어버리는 거죠. '기업문화적인 현상'은 다룰 수 있으나, 그 현상의 원인은 치료할 수 없게 됩니다. 환원론의 극복이《기업문화 오디세이 1》의 출발점이 되었던 이유, 이제 좀 더 이해가 되었으리라 믿습니다.

결국 우리는 같은 결론에 도달했습니다. 기업문화는 '문화를 다루는 과학'의 문법으로 바라보아야 하고, 그 시각은 보다 다차원적이어야 합니다. 그렇다고 해서 애매모호함을 마냥 둘 수만

[21] 마르셀 모스 지음, 이상률 옮김,《증여론》, 한길사, 2002, 67~72쪽. 물건 하나에 따라붙어 다니는 보이지 않는 영적 가치를 인정함으로써 어떻게 경제 체제와 법 체제가 성립되었는지를 인류학적으로 고찰하고 있습니다. 이는 우리 사회도 예외가 아닙니다. 누구에게 선물을 할 때 우리는 왜 가격표를 뗄까요?

은 없는 노릇입니다. 우리는 지금 경영의 장 안에서 일반 문화가 아닌 '기업문화'를 다루고 있기 때문이죠. 그렇다면 애매모호함을 최대한 제거하되 '동시에' 다차원적이고 입체적인 해독을 '같이' 해야만 합니다. 두 마리, 아니 여러 마리 토끼를 한꺼번에 쫓기. 이 방법밖에 없습니다. 또한 가장 효율적입니다. 우리는 신화적 사고를 하는 인간이기 때문이죠. '측정 가능'이라는 말은 적용되지 않지만, 여러 차원에 대해 입체적으로 '분석 가능'한 영역인 것입니다. 그러므로 기업문화의 비밀의 문을 열기 위해서는 하나가 아닌 여러 열쇠가 필요했던 것이죠. 우리는 다시 비밀의 문 앞에 섰습니다. 네 개의 열쇠를 손에 들고서.

비밀의 문을 여는 열쇠
—

'기업의 빙산'을 침대에 뉘어봅시다. 아쉽게도 첫날밤은 아니네요. 지난 여행에서 한 번 그려본 그림입니다. 지금까지의 논의를 종합하여 오른쪽 그림과 같이 '기업문화 vs 경영활동'으로 이루어진 기업을 그려볼 수 있습니다. 이 그림으로부터 기업문화라는 비밀의 문을 여는 여러 차원의 열쇠가 나옵니다.[22]

---

[22] 기업문화는 이렇게 '전체적으로' 다루어야 한다는 이론은 ACG의 창업자 마크 르바이의 기업인류학 방법론으로부터 많은 영향을 받았습니다. 특히 기업문화 유형론의 체계화는 그의 주요한 학문적, 실용적 업적으로 꼭 들고 싶습니다. 관련 내용은 《기업인류학》(마크 르바이·알랭 시몽 지음, 편혜원·정혜원 옮김, 철학과현실사, 2010)을 참고하면 좋습니다.

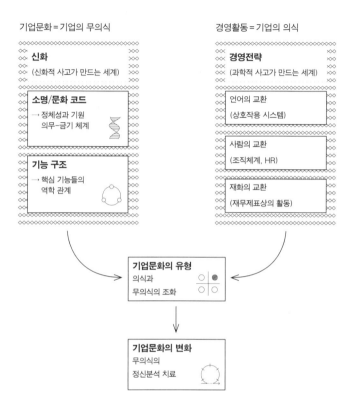

기업문화 = 기업의 무의식

신화
(신화적 사고가 만드는 세계)

소명/문화 코드
→ 정체성과 기원
　　의무—금기 체계

기능 구조
→ 핵심 기능들의
　　역학 관계

경영활동 = 기업의 의식

경영전략
(과학적 사고가 만드는 세계)

언어의 교환
(상호작용 시스템)

사람의 교환
(조직체계, HR)

재화의 교환
(재무제표상의 활동)

기업문화의 유형
의식과
무의식의 조화

기업문화의 변화
무의식의
정신분석 치료

첫 번째 열쇠를 돌리고 난 후

무의식이 의식과 조화를 이루어야 하는 것처럼 기업문화와 경영전략은 서로 궁합이 잘 맞아야 합니다. '우리의 경영전략에 적합한 기업문화는 무엇일까', 거꾸로 '지금 우리 기업문화에 비추어볼 때 어떤 경영전략을 가져가는 것이 효과적인가'라는 질문을 던지기 위해서 우리는 기업문화에 대한 거시적이고 상대적인 시야를 갖추어야 했습니다. 그러하기에 우리는 '기업문화의 유형'이라는 첫 번째 열쇠를 손에 들고 비밀의 문 하나를 열었습니다. 문화를 다루는 과학인 인류학적 방법론에 따라 '기업문화의 유형'을 분류했고, 각 유형에 맞는 경영전략을 살펴보았죠. 1)사회적 응집력, 2)체계성, 3)교류의 정도에 따라 8개의 기업문화 유형을 도출해냈습니다.

그러나 각 유형 중 어느 것도 '옳고 그름'은 없다는 것, 모두 기억하시리라 믿습니다. 각 유형은 그에 '적합하거나, 적합하지 않은' 경영전략이 있을 뿐이지, 어느 유형이 '옳다, 그르다'를 따질 수는 없습니다. 그러나 같은 유형의 문화를 가진 기업들은, 내부의 구체적인 문화는 아주 달라 보일지라도, 아주 유사한 패턴으로 움직입니다. 예컨대, '관리의 삼성'과 '인화의 LG'는 제국주의 시스템 유형의 패턴에 따라 움직인다는 거죠. '관리'와 '인화'라는 코드는 다를지언정 '하늘을 나는 새의 눈'으로 보자면 사람들이 행동하는 패턴, 경영전략이 움직이는 패턴은 거의 같습니다.[23]

　이처럼 기업문화는 강한 패턴을 만들기 때문에 유형을 고려하지 않고 어떤 경영전략을 도입하면 실패하기 마련임을 또한 보았습니다. 이번 여행의 시작에서 보았던 ONF의 오류도 여기에서 기인한 것이었죠. 그렇기 때문에 기업문화와 경영전략을 대칭적이고 균형적으로 사고하는 것, 그리고 기업문화는 상대적이라는 사실을 아는 중요성이 첫 번째 열쇠의 핵심 메시지입니다.

두 번째와 세 번째 열쇠를 손에 들고
—

　이 책에서 우리는 두 번째, 세 번째 열쇠를 돌리고 있습니다. 자신에게 적합한 기업문화의 유형을 알았으니 그 유형의 기업문화가 어떻게 만들어졌는지 그 비밀을 풀어야 할 테니까요. 두 열쇠 모두 '신화'로부터 비롯됩니다. 그렇기 때문에 우리는 '신화를 낳는 마음'인 신화적 사고의 비밀을 먼저 탐구했던 것이었죠.

23
　그러나 서로 다른 코드를 갖고 있는데도 같은 유형에 속한다는 것은 오히려 내부의 기업문화를 움직이는 힘의 원리는 더 많이 다를 수 있다는 의미기도 합니다. 완전히 다른 두 개의 방정식이 같은 해를 도출하고 있는 상황을 상상해보시면 될 것 같네요. 그렇기 때문에 내부의 코드를 도출하는 두 번째와 세 번째 열쇠를 반드시 같이 고려해야 합니다.

두 번째 열쇠는 '문화적 유전자소명, 문화 코드'입니다. 모든 신화는 기원의 신화라 하였습니다. 존재의 이유를 밝히는 것이죠. '존재의 이유'가 바로 소명입니다. '나는, 우리는, 회사는, 회사의 모든 현상들은 왜 하필 여기서 지금 이렇게 있는가?'에 대한 해답입니다. 인간은 이러한 물음을 결코 그치지 않는다는 사실을 우린 알았죠. 신화적 사고 때문입니다.

이 책에서는 또한 기업의 소명과 더불어 기업의 비전도 함께 살펴보겠습니다. 비전은, 기업의 '의식'이라 할 수 있는 경영활동의 영역에 속하면서도 상징성을 띠고, 그 상징성 때문에 종종 '도래할 미래를 계시하는 신화'에 포함되기 때문입니다. 기업의 비전을 어떻게 만들지 고민하는 분들은 이 부분에 관심을 가지시기 바랍니다.

신화로부터 소명을 부여받은 한 집단의 구성원은 오랜 상호작용Exchange을 통하여 특정한 '인식과 행동의 패턴'을 갖게 됩니다. 무의식적으로 모두들 그렇게 행동하는 방식—그것을 우리는 문화 코드Culture Code라고 이름 붙이고 그 비밀을 엿보는 방법을 찾아보겠습니다. 더불어 기업의 신화를 분석하는 구조주의 방법론과, 나아가 신화를 전략에 맞게 변형하는 이론에 대한 욕심까지 내보겠습니다. 그 모두가 '신화적 사고의 비밀'과 연관이 있으니까요. 남미의 오지에 살던 원주민들이 건네는 낭만적인 얘기와도 함께하겠습니다.

세 번째 열쇠는 기업의 '기능 구조'입니다. 모든 문화의 심층에는 그 문화가 굴러가게 해주는 핵심 기능들이 있습니다. 내부의 기능 집단들이 어떤 역학 관계를 갖고 있는가를 봄으로써 한 문화권을 분석할 수 있습니다. 이를 문화의 토폴로지topology라고도 합니다. 예컨대, 자본주의 '경제 체제'는 자본가와 노동자로 나눌 수 있지만 자본주의 '문화'는 생산자, 전사, 그리고 성직자의 기능 구조로 나눌 수 있습니다. 유교 문화권에서는 문인士-농민農-장인工-상인商 구조겠죠. 그런데 만일 유교 문화에서 자본주의 문화의 기능 구조가 적용된다면 그 사회는 무너지지 않을까요? 이처럼 특정한 기업문화에도 그에 적합한 기능 구조가 있고, 그 기능 집단들의 역학 관계를 어떻게 가져갈 수 있을까를 같이 고민해보겠습니다. 비교신화학자 조르주 뒤메질Georges Dumézil의 향기가 짙게 배어 있을 것입니다

네 번째 열쇠는 기업문화를 어떻게 변화시킬 것인지에 대한 해답입니다. 세 개의 열쇠가 한곳에서 만날 것입니다. 기업문화를 분석한 후에는 경영전략에 적합한 기업문화 유형을 설정하고, 그에 따라 신화, 소명, 문화 코드 그리고 기능 구조 등에 대한 변화를 시도합니다. 기업문화는 기업의 무의식이기에, 정신분석학적인 치료가 필요합니다. 개인과 집단의 변화에는 물리적 시

간과는 다른 개념의 시간, 즉 '논리적 시간logical time'이 있어야 함을 볼 것입니다. 이는 무의식의 시간 혹은 신화의 시간이라고 할 수 있습니다. 또한 신화적 시간 속에서 어떻게 새로운 정체성을 기업의 무의식 속에 '넣을 수' 있을지에 대해서도 알아보겠습니다. 정신분석은 근대 학문으로는 유일하게 '사랑에 대한 이론'이라고 생각합니다. 정신분석학자인 프로이트와 자크 라캉, 그리고 루이 알튀세르Louis Althusser가 기업에 건네는 달콤한 말을《기업문화 오디세이 3》에서 들을 것입니다.

화엄경과 기업문화

———

신화적 사고에서는 전체가 부분이 되고, 부분은 또한 전체이기도 합니다. A=not A. 신화적 사고가 만든 세계를 다루는 우리의 방법론도 마찬가지입니다. 기업문화의 비밀을 여는 하나의 열쇠 안에 네 개의 열쇠가 들어 있습니다. 1=4! 첫 번째 열쇠인 기업문화의 유형을 보면서 두 번째 열쇠인 신화와 문화 코드를 같이 보지 않을 수 없습니다. 또한 신화로부터 유형론과 기능 구조, 그리고 변화의 방법을 모두 찾아볼 수 있습니다. 변화를 시도할 때에도 기업문화 유형에서 신화, 기능 구조를 전부 고려하지 않으면 안 됩니다. 우리가 네 개의 열쇠를 써서 기업문화라는 비밀의 문을 여는 순간, 어느새 여러분의 손에 든 네 개의 열쇠는 하나였음을 알게 될 것입니다. 한 티끌 안에 모든 세계가 들어 있다는 화엄경의 세계는 멀리 있는 것이 아닙니다.

자, 오던 길을 마저 가야겠습니다. 여러분은 이미 '하늘을 나는 새의 눈'을 달았습니다. 새=두더지! 이제 '두더지의 발'을 달고, 기업의 무의식이라는 심층 구조로 들어가 봅시다.

오라클이
들려주는
신화

결국 〈매트릭스〉의 주인공들은 모두 신화 안에서 신화에 의해 신화를 살아가는 존재입니다. 앞서 보았듯이, 매트릭스가 상징하는 것이 언어의 세계인 '상징적 질서'이기 때문입니다. 영화 속에서는 오라클이 직접적으로 신화를 들려주는 캐릭터로 등장하죠. 주인공들은 'myth-teller' 오라클로부터 신화를 '듣습니다.' 기록된 책이나 역사가 아니라 직접 귀로, 아니 온 존재를 기울여 신화를 들었죠. 기업의 매트릭스의 주인공인 우리도 이들과 같아야 합니다. 기업에 숨겨진 신화를 찾아내고자 할 때에는 모피어스나 네오처럼 사람들 목소리에 온 존재를 기울여야 합니다. 아키텍트처럼 미리 정해진 무수한 질문으로 사람들을 분석하고 해부하려 하면 안 됩니다.

오라클 역시 단 한 번도 구체적인 답을 제시하지 않습니다. 다만 듣는 이 각자에게 해당하는 이야기를 들려주었을 뿐입니다. 모피어스에게는 구원자인 '그the one'를 인도하는 이야기를, 트리니티에게는 '그the one'와 사랑에 빠지게 될 것이라는 이야기를, 그리고 네오에게는 모

오라클의 쿠키를 집어든 네오

피어스를 위해 선택을 해야 할 것이고 그것이 '그the one'로서의 운명을 결정지을 거라는 이야기를 들려줍니다. '넌 이러이러하게 행동해야 해!'라는 상세한 매뉴얼은 한 번도 제시하지 않죠. 다만 이야기를 들려주고, 나머지는 주인공의 선택에 맡겼을 뿐입니다. 왜냐하면 주인공들은 기계가 아닌 인간이기 때문이죠. 인간은 언제나 '왜?'라는 질문을 그치지 않습니다. 그 질문의 시작과 끝은 '존재의 이유'입니다. 오라클이 들려준 신화는 그들에게 '존재의 이유'를 계시했고, 역으로 주인공들은 각자의 신화에 따라 소명을 부여받았습니다. 그리고 주인공들은 온 생애를 그 존재의 이유에 따라 움직였습니다. 그러면서 각자의 특정한 행동 양식을 가지게 되었죠. 이는 영화에서 각자의 독특한 '무술'로 상징됩니다.

물론 소명이 없을 때에도 이들은 매트릭스 안에서 나름 잘 살아갈 수 있었죠. 거리를 걸어가는 무표정한 사람들처럼. 하지만 네오는 밤마다 불면증에 시달리며 무언가를 찾아 헤맸습니다. 어떤 이에게는 존재의 틈은 메울 수 없는 공허이기도 합니다. '미스터 앤더슨'으로서의 삶은 소명이 없는 삶이었고, 오라클을 만난 이후의 '네오'로서의 삶은 소명을 아는 삶이라 할 수 있죠. 둘 중 어느 삶이 옳다고 말할 수는 없습니다. 1편에 나온 배신자 사이퍼Cyper가 간절히 원했듯이, 소명이 없는 삶은 오히려 어떤 이에게는 '적합합니다.' 기업문화는 언제나 '옳고 그름'이 아니라 '적합하고 적합하지 않음'의 문제이듯이. (참고로 사이퍼는 어원적으로 '숫자'를 의미합니다. 모든 것이 환원되어 존재하는 세계─경영활동의 세계─로 돌아가고자 하는 자가 사이퍼라는 이름을 가진 사실이 우연은 아니겠죠?)

그러나 우리가 잊지 말아야 할 사실은, 비록 주인공들이 스스로의 주체적 선택에 따라 움직였다고 하더라도, 그들 모두는 오라클을 만났고, 오라클로부터 이야기를 들었다는 겁니다. 신화를 듣고 소명을 부여받고 그에 따른 특정한 행동양식에 따라, 스스로 여러 선택을 하며 살아간 것이었죠. 동시에 구조 역시 주체에 종속됩니다. 구성원은 특정한 기업문화에서 특정한 기업의 신화에 의해 (그러나 그럴 때 오히려 스스로의 존재 이유를 깨닫고 주체적이고 창의적인 선택을 해가며) 살아갑니다. 구조는 주체에 의해 변화되어가고, 이는 또다시 신화가 되어 다른 주체에게 전수됩니다.

매트릭스의 주인공 모두는 어떤 근원적 문제에 봉착할 때마다 오라클을 찾아갑니다. 네오도 그랬고, 나이오베도, 모피어스도 그러했습니다. 심지어 스미스 요원까지! 그곳에서 그들이 듣는 것은 역시 '이야기'일 뿐인데 말이죠. 물론 그녀는 무슨 동굴 속도 아니고 '지극히 평범한 집'에 살 뿐인데도, 잘 보이지 않고 찾기도 어려웠습니다. 무의식이 꼭 그러한 것처럼. 오라클은 문화를 만들어가는 인간의 신화적 사고를 상징하는 거죠. 매트릭스의 주인공들이 그러했던 것과 같이 우리 역시 경영에서 어떤 근원적인 문제, 혹은 경영의 이론으로 풀리지 않는 수수께끼 앞에서 힘들어할 때 기업의 무의식인 기업문화의 자리를 찾아가야 합니다. 신화적 사고의 문법이 작동하는 그 세계의 문을 열 용기를 가진다면, 그 안에서는 기업의 오라클이 고소한 쿠키 향과 함께 당신에게 어떤 신화를 들려줄 것입니다.

2

신 화

의

속 살

신화를 낳은 어머니는, 인간 마음의 한 축인 신화적 사고입니다. '신화적 사고란 무엇인가'라는 질문에 대한 답으로부터 '신화를 어떻게 분석할 것인가'와 '신화를 어떻게 만들 것인가'라는 문제도 자연스레 풀립니다. 어떠한 대립항이 있는가, 그 대립항을 어떻게 동시에 존재시키려고 하는가, 이를 위해 어떤 매개자가 활약하는가, 그 활약의 이야기 구조는 어떻게 전개되는가 등이 신화 분석의 대상이 됩니다. 그러나 분석에 들어가기 전에 해야 할 일들이 있습니다.

먼저 '숨어 있는 신화'를 끄집어내는 작업이 필요하겠죠. 분석을 하려고 해도, 뭐가 있어야 분석을 하든가 말든가 할 게 아니겠습니까. 두터운 외투 속에 감추어진 탐스런 신화의 속살. 어떻게 하면 볼 수 있을까요?

신화의 옷을 벗기기

———

유명한 우화 하나가 문득 떠오릅니다. 구름과 해가 어느 날 내기를 합니다. 지나가는 나그네의 외투를 누가 벗기느냐, 하는 내기였죠. 결과는 모두 잘 아시죠? 결국 해가 나그네의 외투를 벗깁니다. 아니, 제 말은 틀렸습니다. 해가 나그네의 외투를 벗긴 게 아니라, 나그네가 스스로 외투를 벗은 거죠. 해는 다만 나그네가 행동을 취할 조건을 만들어주었을 뿐입니다. 그에 반해 바람은 나그네의 옷을 벗기려고 했죠. 맘 같아선 외투를 찢어버리고 싶었을 겁니다.

신화는 마치 나그네의 속살처럼 사람들의 깊숙한 곳에 잠자고 있습니다. 그렇기에 옷을 벗기려고 할수록 신화는 스스로를 숨깁니다. 분석하겠다고 달려들면 달려들수록 더 두꺼운 외투로 몸을 감싸죠. 레비스트로스가 얘기했듯이 신화는 무의식이 만드는 것이기 때문에, 정신분석학자가 대담자의 무의식 속으로 한 발한 발 차근차근 다가가는 것과 같은 접근 방법이 필요합니다.

정신분석학자들은 논리적이고 합리적인 설명보다는 꿈, 농담, 말실수 등에서 무의식이 잠깐씩 드러나는 순간을 포착합니다.[24] 우리의 작업도 이와 같습니다. 신화는 무의식의 영역이 자신을 드러내는 스크린이라고 할 수 있기 때문이죠. 과학적인 사고가 작동하는 경영의 영역에 대한 분석은 논리적인 설명과 공식적인 문서, 프로세스 등을 대상으로 합니다. 그러나 신화는 구전口傳을 전제로 합니다. 텍스트로 기록된 역사가 아니라, 사람들이 실제로 믿고 전파하는 이야기입니다. 신화는 '목소리가 되어 나오자마자 바로 사라지는 이야기', '스스로를 보이면서 숨기는

24
프로이트는 농담에서도 꿈의 작업과 같이 무의식이 자신을 드러낼 때 응축과 전이의 과정을 거친다는 것을 발견하고 농담(이라는 언어)으로부터 무의식을 추적해 들어갑니다. (지그문트 프로이트 지음, 임인주 옮김, 《농담과 무의식의 관계》, 열린책들, 2004) 〈개그콘서트〉의 한 장면이 생각나는군요. "네가 하는 개그는 유치원 버스야." "왜?" "애만 태워." 이 코미디에는 몇 단계에 걸친 의미의 응축(은유)을 순식간에 건너뛰고 있죠. 그 과정과 효과를 발견해가는 작업은 우리가 사람들로부터 코드를 추출하는 작업과 크게 다르지 않습니다.

이야기'[25]므로 날아다니는 잠자리 같은 그 순간을 그대로 잡아내는 것을 '신화의 채집'이라고 부를 수 있습니다. 그러므로 신화적 사고가 작동하는 기업문화의 영역은 무심코 튀어나오는 말이나 농담, 툭 터놓고 말하길 꺼려하는 얘기, 나와 동료들의 실제 이야기, 비하인드 스토리, 비속어나 풍문[26] 등 구술되는 모든 것이 분석의 재료가 됩니다. 준비하고 하는 말보다는 오히려 무심코 튀어 나오는 말이 무의식에 가깝습니다.[27]

물론 회사의 공식적인 문서나 역사에 대한 이야기에도 기업의 무의식은 당연히 포함되어 있겠죠. 중요한 것은 '기록된 역사'가 아니라 '사람들이 믿고 있는 역사'이기에 발화 행위parole가 이루어지는 일상의 언어로 들어가야만 합니다. 신화는 구전되는 이야기입니다. 역사를 교과서처럼 얘기하는 모범 답안은 별로 쓸모가 없습니다. 기업에서 아무리 문서와 규정으로 명시해놓고 역사책에 써놓아도, 그건 실제 기업문화와 상관이 있을 수도, 없을 수도 있는 거죠. 기록된 역사를 분석할 때에도, 인터뷰를 통해 분석된 '기업의 신화적 사고'가 어떻게 문자화된 역사에 반영되었나를 보아야 하고, 역으로 문자화된 역사가 내재된 신화에 어떤 영향을 미치고 있는가를 같이 분석해내는 것이 우리의 과제입니다. 여기에 더해 구술하는 사람들의 표정, 몸짓, 눈짓 등의 행동도 마찬가지로 관찰 대상이 됩니다. 그러므로 인터뷰와 참

25
클로드 레비스트로스 지음, 임봉길 옮김, 《신화학 1 – 날것과 익힌 것》, 한길사, 2005, 109~110쪽.

26
실제로 비속어에는 고대로부터 이어진 인류의 신화적 사고가 보존되어 있는 경우가 많습니다. 우리말로 '콩 깐다'라는 표현을 혹시 아시나요? 특히 남자들이 주로 쓰는 말인데, '사창가에 가서 섹스를 하다' 뭐 이런 뜻이죠. 희한한 것은 일본 유곽에서도 이 말이 널리 쓰였다고 합니다. 그런데 레비스트로스의 신화 분석에 따르면, 아메리카 인디언을 비롯한 북방 민족들의 신화에 등장하는 '콩'이 남성과 여성의 중간적 존재로서(신화의 주인공인 '매개자'이죠) 여성의 클리토

여 관찰은 가장 기본적이고 핵심적인 방법론입니다.

그렇다면 우리에게 필요한 것은 '바람의 질문'이 아닌 '해의 질문'입니다. 어쩌면 "당신과 당신 회사의 이야기를 들려주세요." 이게 전부일지도 모르겠습니다. 정신분석학자가 "어젯밤에 꾼 꿈 얘기를 들려주세요"라고 하는 것과 마찬가지죠. 인사조직론의 설문처럼 질문의 범위를 쪼개고 쪼갤수록 신화는 외투를 껴입습니다. 신체검사 문진표보다는 미술치료를 닮았다고 할 수 있습니다. 하지만 미술치료사가 "여기 도화지에 아무 그림이나 그려보세요"라고는 하지 않죠. 나무 그림, 사람 그림, 어항 속의 물고기 그림처럼 어느 정도 구체적인 대상을 지정해줍니다. 이처럼 우리의 질문도 적절한 범위는 정해야 합니다. 그 정도면 충분합니다. 인터뷰 대상자가 자신을 충분히 드러낼 수 있도록 해주는 것이 더욱 중요하죠. 예컨대 이런 질문들입니다. 1)어떻게 입사하셨고, 어떤 일을 해오셨나요? 2)당신 회사의 얘기를 들려주세요. 3)그 이야기는 어떻게 아시게 된 건가요? 4)회사의 10년 후를 그려주세요.

이러한 물음은 우리에게 많은 것을 알려줄 수 있습니다. 분석할 거리야 한도 없겠지만, 이 질문으로 나올 수 있는 기본적인 시사점만 정리해볼까요?

리스를 말하고 있더라고요! 더 재미있는 것은, 남성들만의 비밀 결사체였던 그리스 피타고라스 학파에서 절대 금기시한 것이 있었는데, 바로 여자와 '콩'이었다고 합니다. 신화적 사고의 보편성을 새삼 확인할 수 있지 않나요? 《신화, 인류 최고의 철학》(나카자와 신이치 지음, 김옥희 옮김, 동아시아, 2003)에 이와 관련된 재미난 이야기들이 소개되어 있습니다.

27
진리는 명확함이나 논리적 사고를 통해 전달되는 게 아니라, 역설적으로 거짓과 의도를 벗어나는 실수들을 통해 언제나 불현듯 나타나는데, 이것은 진리 효과가 주체 분열과 연관되기 때문이다. 김석, 《에크리 - 라캉으로 이르는 마법의 문자들》, 살림, 2007, 160쪽.

"어떻게 입사하셨고, 어떤 일을 해오셨나요?"

개인의 스토리에서 출발해 회사의 스토리의 구조나 형태를 알고자 함. 그리고 회사의 스토리 안에 개인을 포함하고 있는지의 여부, 즉 동일시 identification에 대한 양상도 유추할 수 있음.

"당신 회사의 얘기를 들려주세요."

회사의 기원을 어디에 두고 있는지, 어떤 역사 과정을 인식하고 있는지를 기본적으로 볼 수 있음.

"그 이야기는 어떻게 아시게 된 건가요?"

신화는 구전을 전제로 하는 이야기이므로, 이 질문을 통해 구전이 되고 있는지, 있다면 어떤 집단의 어떤 사람들을 통하고 있는지를 볼 수 있음.

"회사의 10년 후를 그려주세요."

신화적 사고는 '과거-현재-미래'의 시간이 모두 중첩하고 있음을 고려한다면, 미래에 대한 질문을 통해 기원에 대한 인식과 현재의 정체성에 대한 인식, 그리고 회사 비전 등을 알 수 있음.

대담자가 깊은 얘기를 더 많이 풀어낼 수 있도록 도우려는 마음만 있다면, 이 질문들은 또 다른 질문들을 낳을 수 있습니다.

"회사(혹은 당신의 조직)가 왜, 어떻게 태어나게 되었는지 알려주세요. 즉, 창업 스토리를 들려주세요."

보다 구체적으로 기원에 대해 어떻게 인식하고 있는지 그 양상을 알 수 있고, 소명이 어떻게 자리 잡고 있는지 단서를 얻을 수 있음.

"다른 사람(타회사, 고객, 가족 등)을 만나면 회사에 대해 어떤 이야기를 하시나요?"

기원에 대한 인식이 외부를 향하고 있는지, 내부에 머물고 있는지를 알 수 있음. 응집력이 폐쇄적으로 형성되어 있는지, 개방적으로 형성되어 있는지를 또한 알 수 있음.

"입사 당시엔 어떤 이야기를 들으셨는지요?"

"지금 새로 들어오는 사람들에겐 어떤 이야기를 해주고 있는지요?"

신화가 구전을 통해 재생산이 되고 있는지, 재생산되는 이야기가 과거와 현재에 어떤 차이가 있는지, 어떻게 이야기가 변형되고 있는지에 대한 통찰을 얻을 수 있음.

"그 역사 속에서 극적인 사건이나 인물이 있었다면 소개해주세요."

신화의 주인공을 직접 확인할 수 있음. 특히 그 주인공에게 어떠한 역할을 부여하고 있는지 볼 수 있음.

"어떤 점들이 당신이 이 회사 사람임을 확인시켜주나요?"

개인의 정체성에 신화가 어떤 영향을 미치고 있는지에 대해 알 수 있음.

"어떤 사람들이 회사에서 좋은 평판을 받나요? (혹은 욕을 먹나요?)"

"회사 내에서 (암묵적으로) 절대 하면 안 되는 행동 같은 게 있나요?"

문화 코드, 금기와 의무 체계와 그 형성 과정에 대한 단서를 얻을 수 있음.

물론 경우에 따라 얼마든지 질문을 달리할 수 있습니다. 서로 간 교류의 방향성,[28] 하위 문화집단sub-culture의 존재 여부, 의례와 상징 등에 대한 질문도 추가할 수 있습니다. 단, '해의 질문'인 한에서! 예컨대, 인수 합병이 이루어져 계열사로 편입된 경우에는 다음과 같이 질문할 수 있겠죠.

· · ·
"모회사와의 관계를 비유적으로 표현해주세요."

'호부호형을 못 하는 관계', '배다른 형제', '시어머니와 며느리' 등등 굉장히 함축적인 ─ 그러나 핵심을 찌르는 ─ 대답이 나올 수 있겠죠. 문화는 상징적 질서라고 했죠? 기존의 언어체계로 어떻게 이를 표현하는가는 일종의 무의식이기에, 다른 답변으로부터 '채집된' 신화와 분명 합리적 연관 관계를 가질 수밖에 없고, 그 연관 관계의 양상이 기업문화에 대해 많은 시사점을 줄 수 있습니다. 이야기로서 신화가 가진 내러티브 구조가 'A사에 합병 → 점령군의 분할 통치'를 보인다면, '호부호형을 못 하는 관계'라는 표현은 이후 '홍길동이 한 것과 같은 분리와 독립'의 과정이 도래할 것을 암시한다고 볼 수 있는 거죠. 단순화했지만, 재미있지 않으세요? 뒤에서 더 즐겨봅시다.

이렇게 '채집된' 신화를 가지고 공통적으로 나타나는 구조를

28
이는 나중에 화살표로 정리되는데, 화살표의 방향에 따라 집단을 구분하면 exchange의 방향과 정도를 파악하는 것과 더불어 집단 내 권력관계의 양상을 파악할 수 있습니다. 소시오메트리Sociometry 기법을 활용합니다. 김경동,《현대의 사회학》, 박영사, 1997, 113쪽.

분석해 정리하면, 기업문화의 속살, 즉 신화를 볼 수 있습니다. 실제로 인류학에선 '신화를 채집한다'라는 표현을 씁니다. 열매가 스스로 익고 꽃이 스스로 피어야만 한 바구니 가득 채집이 가능하겠죠. 그 후에 감은 감끼리, 잎은 잎끼리, 가지는 가지끼리 따로따로 분류합니다. 그러고 나서, 이 동네에서 자라는 감과 잎과 꽃과 가지와…… 연관 관계를 파악합니다. 이처럼 기업문화를 분석하는 작업은 '농업'을 닮았습니다. 지구에 구멍을 뚫거나 산을 파헤쳐 석유와 석탄을 캐내는 광업과는 완전히 다른 느낌이지요. 광업의 방법은 과학적 사고, 그러니까 경영활동의 영역을 다루는 방법론이라고 할 수 있겠네요. 이쯤에서 에스키모 이누이트족 신화의 한 구절을 들어볼까요.

"무심코 튀어나온 말로 인해 신기한 일이 일어나는 경우도 있었다. 말은 순식간에 생명을 얻어 원하는 것을 실현시켰다. 원하는 것을 말하는 것만으로 충분했던 것이다. 하지만 설명하게 되면 수포로 돌아간다. 옛날에는 만사가 그런 식이었다."[29]

21세기 기업에서도 만사가 그런 식입니다. 이누이트족의 현자는 지금 '기업의 신화학'에 대해 가르침을 주고 있는 것입니다. 그의 말처럼, 말신화이 순식간에 생명을 얻어 원하는 것을 실현시킨다면, 이제 우리는 신화가 계시하는 것들에 대해 물음을 던질 차례입니다.

29
나카자와 신이치 지음, 김옥희 옮김,《신화, 인류 최고의 철학》, 동아시아, 2003, 29쪽.

신화가 계시하는 것 1 : 소명

—

기업의 신화로부터 기업의 소명vocation이 비롯됩니다. 우리가 지금까지 얘기한 신화를 풀어 쓰면, 모든 현상과 사물이 왜 존재하고 있는지를 모든 구성원이 스스로 납득하게 하는 이야기, 뭐 이 정도가 되겠죠. 여기서의 '왜 존재하고 있는지'에 해당하는 것, 바로 존재의 이유raison d'être를 우리는 '소명'이라 부릅니다.

이해를 돕기 위해 사람에 비유해보겠습니다.

- 헤밍웨이의 소명은, 사람들에게 감동을 주는 글을 쓰는 것
- 파바로티의 소명은, 아름다운 노래로 사람들을 기쁘게 하는 것
- 타이거 우즈의 소명은, 골프를 통해 자아실현을 하는 것
- 오사마 빈 라덴의 소명은, 신의 의지를 (폭력적으로) 실현하는 것
- 테레사 수녀의 소명은, 신의 의지를 (자선행으로) 실현하는 것

이와는 반대편에서 한 예를 보겠습니다. 여기 1000억을 가진 부자가 있습니다. 이 부자가 사는 이유가 '1000억 벌기'였을까요? '1000억 부자'[30]라는 말은, 이 부자가 어떤 사람이고, 어떻게, 왜 돈을 벌었는지, 즉 정체성identity에 대해서는 아무것도 설

---

30 만일 이 부자가 진실로 사회에 이롭게 쓰기 위해서라는 이유로 돈을 벌었다면, 이것을 소명이라 할 수 있겠지만, '사회에 어떻게 이롭게 할 것인가'가 소명의 의미에 더 가깝다고 볼 수 있겠네요. 이 경우, '1000억 부자'는 과거 한순간 이 사람의 비전이었을 것이고요.

명하지 못합니다. 이처럼 존재의 이유가 돈을 버는 것 자체인 경우는 (사람이라면) 많지 않습니다. 물론 워렌 버핏 같은 사람은 이에 해당될지도 모르겠습니다. 그러나 아마 워렌 버핏도 '(자본주의를 이용해) 돈을 벌어서 (자본주의 사회의 결점을 보완하기 위해) 사회에 환원한다'와 같은 소명이 있을 것이라 생각합니다. 소명이 없으면, '살아가는 의미'가 없어지는 것이니까요.

그러므로 소명은 시간성을 초월합니다. 신화가 그렇듯 말이죠. 소명은 신화로부터 나왔으니까요. 태어날 때부터, 혹은 어느 순간 그 소명을 부여받아 그냥 그걸 갖고 살아가는 겁니다. 미래의 특정한 어느 시점에 딱 실현하기 위함이 아니라, 그 존재가 소멸할 때까지, 혹은 삶의 큰 전환점 — 예컨대 신의 부름을 다시 받았다던가 하는 — 을 맞아 다른 소명을 부여받을 때까지, 죽자 사자 그렇게 살아가는 겁니다. 파바로티의 소명이 '아름다운 노래로 사람들을 기쁘게 한다'였다면, 2006년에도 이미 충분히 사람들을 기쁘게 하였지만, 얼마 후 생을 마칠 때까지 그 소명을 다하며 살아간 것이죠.

사실 소명을 뜻하는 vocation은 일신교一神敎 중심의 서구 문화사에서 비롯된 개념입니다. 특히, 노동과 관계해서는 16세기 종교개혁 이후 칼뱅Calvin의 청교도Protestantism로부터 본격화되었습니다. 그에 의하면, 직업은 '신으로부터 부여받은 소명'이기 때문에 모든 이는 이 '신성한 노동'에 헌신해야 한다는 것입니다. 그러므로 모든 노동 행위에는 윤리가 따릅니다. 막스 베버Max Weber는 이로부터 자본주의가 태동하게 되었다는 것을 그의 논문 〈프로테스탄티즘과 자본주의 윤리〉에서 밝힌 바 있고, 우리는 《기업문화 오디세이 1》에서 이를 기업가 유형과 연결시켰죠. 사실 우리의 전통에도 천직天職이라는 개념이 있습니다. 하지만 이는 단지 '노동관, 직업관'의 문제만은 아닙니다. 앞서 우리가 살펴보았듯이, 원시사회를 비롯한 모든 인간 집단에는 신화로부터 비롯된 존재의 기원이 있으니까요. 기업이라는 집단의 존재 이유, 그것을 우리는 '소명'이라 부르고 있는 것입니다.

여기서 의문을 제기할 법합니다. 경영학에서 일반적으로 언급하고 있는 미션 스테이트먼트mission statement와 뭐가 다르지? 다를 수도 있고, 다르지 않을 수도 있습니다. 미션 스테이트먼트는 단어 그대로 '선언문'이고, 그 내용이 실제로 사람들에게 내재되어 있다면 그때 비로소 소명이 됩니다. 즉, 소명은 말 그대로 '정말' 그 집단의 존재의 이유입니다. 한 집단이 소명을 상실하면 구성원들은 급격히 해체되거나, 혹은 그냥 생존을 위해서 바닥에 납작 엎드려 있게 됩니다.

정리하는 김에 예를 들어보죠. ONF는 미션 스테이트먼트의 형식으로 "숲을 통한 인류의 행복 창조"가 있었습니다. 그러나 실제로 인터뷰와 담론 분석을 통해 이 회사의 기업문화를 분석해보았더니 사람들은 '외부의 침략자로부터 숲을 지키고 보호하기' 위해 일을 하고 있었습니다. 신화가 계시하는 소명은 바로 이것! 기록된 스테이트먼트가 아니라 숨겨져서 보이지 않았던 소명이었죠. 사람들이 진짜로 받아들이고 그에 따라 행동하고 있는 것이 바로 소명입니다.

그렇다면 우리의 과제는 '경영전략에 부합하게 소명이 존재하게끔 어떻게 할 것이냐'겠죠? 이렇듯 언제나 기업문화는 경영전략과의 정합성을 고려해야만 합니다. 1장에 있는 그림을 기억하시나요?[31] 기업의 모든 활동은 어떻게 구조화되는가에 대해 왼쪽에는 무의식으로서 기업문화가, 오른쪽에는 의식으로서 경영활동이 위치한 그림. 기업문화의 소명과 일대일 대응하는 것이 경영활동의 중심인 비전입니다. 기업문화와 경영을 '동시에' '같이' 고려하는 것이 중요함을 아는 우리는, 그렇다면 비전을 같이 살펴보지 않을 수 없습니다.

비전은 기업의 '의식'인 경영활동의 영역을 상징적으로 대표합니다. 비전은 기업이 전략적으로 목표로 하는 특정한 미래의 모습입니다. 상징성이 있기에 종종 신화에 포함됩니다. 자, 소명을 애기하며 거론한 사람들을 다시 등장시켜볼까요?

31
75쪽 참조.

- 헤밍웨이의 (어느 특정 시점에서) 비전은, 인간의 위대한 삶의 의지를 담은 작품의 탈고
- 파바로티의 (어느 특정 시점에서) 비전은, 20세기 최고의 테너
- 타이거 우즈의 (어느 특정 시점에서) 비전은, 그랜드 슬램 달성
- 오사마 빈 라덴의 (어느 특정 시점에서) 비전은, 미국 본토 타격
- 테레사 수녀의 (어느 특정 시점에서) 비전은, 전 세계 빈민 구제

되풀이해서 '(어느 특정 시점에서)'를 끼워 넣은 이유가 있습니다. 소명이 시간성을 초월하는 반면, 비전은 어느 목표 시점을 전제로 하기 때문이죠. 신화적 사고는 '과거＝현재＝미래'로 시간을 인식하는 반면, 과학적 사고는 직선적인 시간관에 따라 움직이는 것과 같습니다. 젊은 시절 파바로티의 비전이 '20세기 세계 최고의 테너'였다면, 그는 이미 비전을 달성한 것이죠. 그러고 난 후 그는 자신의 소명을 다하기 위해 새로운 비전을 가졌을 겁니다. 타이거 우즈는 '그랜드 슬래머'라는 비전을 가졌고 그 길을 이정표 삼아 매진했죠. 그리고 그 비전을 달성하면, 다른 비전, 예를 들어 '10년 연속 상금 랭킹 1위' 같은 비전을 다시 세우고, 자신의 소명인 골프를 계속 하겠죠.

앞서 보았듯이, 호모 사피엔스 사피엔스로서의 인간은 신화적 사고와 과학적 사고의 두 측면을 같이 갖고 있습니다. 정도의

소명 vocation
존재의 이유

비전 vision
미래상

차이는 있지만요. 소명과 비전은 신화적 사고와 과학적 사고 각각에 대응합니다. 소명이 '무질서를 참을 수 없는 존재로서의 인간'의 신화적 사고에 대한 응답이라면, 비전은 경영전략적인 분석을 통해 구체적인 목표를 제시함으로써 인간의 과학적 사고에 대답합니다. 비전은 목표를 제시해주고, 소명은 의미를 만들어줍니다. 반복해서 말하지만, 경영에서는 이 둘을 언제나 동시에 고려해야 합니다. 마치 우주가 음과 양으로 이루어진 것처럼.

신화가 계시하는 것 2 : 문화 코드

한 집단의 사람들은 오랫동안 교류를 반복하면서 특정한 행동의 패턴, 의무와 금기 체계를 형성합니다. 일종의 관습이라고도 할 수 있겠네요. 이를 문화 코드[32]라고 이름 짓겠습니다. 문화 코드 역시 신화 안에 담깁니다. 인간은 호모 심볼리쿠스! 존재론적으로 상징을 사용할 수밖에 없는 동물이고, 한 집단의 상징체계를 내러티브로 만든 이야기가 바로 신화라고 하였습니다. 언어로 이루어지는 기업 구성원들의 '상호작용의 집'이 바로 신화이기 때문에 신화로부터 인간 행동의 특정한 패턴이 만들어집니

---

[32]
저는 여기서 레비스트로스가 쓴 '코드'와는 다른 의미로 문화 코드 개념을 사용하고 있습니다. 레비스트로스는 청각 코드, 미각 코드, 촉각 코드, 시각 코드, 사회 코드 등에서 원주민이 세계를 해석하는 항목들을 발견해냅니다. 원주민은 자신이 체험하는 세계 전체(맛, 향, 자연현상 등)을 오직 신화로만 설명했기에 그 모든 감각과 지각의 층위에서 코드를 찾아내는 작업이 레비스트로스에겐 필요했지만, 과학이 지배하는 시대의 한가운데에 위치한 '기업의 신화학'을 다루는 우리로서는 레비스트로스의 여러 코드 중 '사회 코드', 달리 말하자면 기업 구성원들의 '행동 코드'에 초점을 맞추고자 합니다. 레비스트로스에게 양해는 못 구했지만, 저는 앞으로 이를 '문화 코드'로 부르겠습니다.

다. 또한 신화는 '짜깁기의 달인'이기도 했죠? 행동 패턴을 흡수하여 신화가 다시 만들어지기도 합니다.

다시 ONF의 신화로 돌아가 봅시다. 이 신화는 어떠한 문화코드를 계시하고 있을까요? 이렇게 다시 물을 수도 있습니다. "기원에 대한 신화를 받아들임에 따라 특정한 소명을 부여받은 '천사단'은 어떤 행동 패턴에 의해 사고하고 행동했을까요?" 그들은 '에덴동산숲을 외부의 침입자로부터 지킨다'는 소명을 신화로부터 부여받았죠. 신화의 계시에 따라 그들은 오랫동안 숲의 신성을 보호하는 행동을 해왔습니다. 숲은 오직 왕과 그 가족만이 들어올 수 있는 공간이었으며, 숲의 관리는 '천사단'의 독점적 권한이었죠. 신성은 곧 영원성을 의미합니다. 고로 숲은 영원히 지속되어야만 할 터, 이를 보존하고 지속하는 것이 또한 그들의 임무였죠. 이로부터 '보호', '독점', '보존' 등의 문화 코드가 형성되었습니다.

이렇게 한 번 형성된 코드는 숲의 보호, 독점, 보존과 직접적으로 상관없는 다른 일상적인 행동들까지 지배하게 됩니다. 예컨대, 신입 사원이 들어오면 일단 그 사원을 외부의 간섭으로부터 '보호'하고 지켜주려 한다던가, 한번 입사하면 평생 그 자리를 '보존'한다던가 하는 등의 행동으로 나타나는 거죠. 바로 '패턴의 힘'입니다. 거시적 차원에서 만들어진 코드가 미시적 공간에서도 유사한 형태로 반복되는 것입니다.

이쯤에서 누군가 반론을 제기해주셔야 합니다. "아니, 신화는 아주 오래전 이야기인데, 지금까지 오는 시간 동안 사람들의 행동이 변하지 않는다는 게 말이 됩니까?" 타당한 반론입니다. 신화가 아무리 행동의 기원을 규정한다지만, 시간의 흐름 앞에서 변하지 않는 게 과연 있을까요? 행동도 많은 변화를 겪어왔을 게 당연합니다.

그러나 우리가 잊지 말아야 하고, 오해하지 말아야 할 중요한 전제는, 신화는 '과거형이지만 언제나 현재진행형'이라는 사실입니다. 실제 역사와는 상관없이 '지금' 사람들의 상징적 질서를 드러내고, '현재' 사람들이 자신의 기원을 설명하는 이야기가 신화라는 것을 우리는 계속 보아왔죠. 오랫동안의 상호작용이 예전 행동 패턴에 변형을 가져왔을 거란 사실은 분명합니다.

그런데 그 변형된 행동 양식마저 '지금의' 신화에 다시 담깁니다. 바로 모든 걸 꿰어 맞추고, 과거와 현재와 미래의 구분이 사라지는 신화적 사고입니다. 즉, 기존 신화의 큰 구조 안에서[33] 사람들은 신화를 계속 만들어내고 변형할 수밖에 없기 때문에, 현재의 신화 안에는 변형된 행동 패턴까지 담깁니다. 때문에 신화 분석은 여전히 문화 분석에서 가장 중요합니다. '지금' 사람들을 인터뷰했지, 1500년대 사람을 인터뷰했을 리는 없잖아요?

하지만, 저는 방금 앞의 반론이 타당하다고 했습니다. 다른 측

[33] 레비스트로스는 이를 신화군群(myth group)이라고 하였습니다. 신화적 사고의 '모든 걸 꿰어 맞추는' 특성도 사실은 신화군 내로 한정되지요. 신화군과 개별 신화에 대해서는 뒤에서 계열사나 하위 집단의 신화를 다루면서 좀 더 자세히 볼 것입니다.

면에서 보면 말입니다. 현재의 문화 코드는 신화에 담겨 있습니다. 이 사실은 분명합니다. 그러나 ONF 신화처럼 '내러티브 구조로 화자話者가 정리한 이야기로서의 신화' 안에서는 배제되는 부분이 있을 수밖에 없습니다. 내러티브를 만드는 과정에서 놓치는 부분이 생길 수밖에 없는 거죠. 신화 분석의 일차 과제는 기원, 즉 소명을 밝히는 것이었으니까요.

그러므로 우리는 사람들의 입에서 나온 모든 구술―저는 이것을 '날生신화'라고 부릅니다―에 좀 더 귀를 기울여야 합니다. 그럴 때 날신화가 계시하는 문화 코드의 목소리를 들을 수 있습니다. 인터뷰에서 나온 모든 발화파롤parole를 분석하여 공통된 문법 규칙랑그langue을 찾아내는 작업이 바로 문화 코드의 분석인 거죠. 그리고 이는 참여 관찰로 반드시 뒷받침되어야 합니다. 상징 체계 분석을 통한 가설을 행동 차원에서 검증해야 할 테니까요. 그런데, 이 날신화로부터 어떻게 코드를 뽑아낼까요?

문화 코드와의 숨바꼭질

—

현존하는 최고의 언어학자 촘스키Chomsky, Noam에 따르면,[34] 인

34
촘스키는 명사부, 동사부로 언어 구조를 분석합니다. 큰 구조상에서는 주어/술어와 다를 바 없지요. 구조주의의 선물은 신화학뿐 아니라 문예창작론, 정신분석학, 문학비평 등에서 큰 활약을 펼치고 있습니다. 경영이라는 장에서 이를 거부할 이유가 없겠죠.

류의 모든 언어는 구조가 같습니다. 바로 '주어+술어S+V' 구조입니다. 생략되거나 순서는 바뀔지 몰라도, 어떠한 언어도 이 구조를 벗어나지 않습니다. 험한 세상을 살아가기 위한 오랜 진화 과정에 의해 만들어진 인류의 의식 구조가 그러하다는 반증이기도 하지요. 무의식이 의식의 층으로 고개를 내밀 때도 역시 이 언어의 틀을 따라갈 수밖에 없습니다. 이를 언어학의 용어로 바꿔서 말해봅시다. "계열축과 통합축의 두 축으로 이루어진 것이 인류의 언어이다." 두 축을 그림으로 다시 그리면 아래와 같습니다.

계열축과 통합축의 두 축을 기준으로 공통된 단어를 뽑아내는 것이 작업의 핵심입니다. 즉, 문장의 의미signifie는 일차적 분석 대상이 아닙니다. 구조와 패턴만을 보는 것이죠. 예컨대, "우리 회사는 너무너무 지루해요"라고 누가 얘기했다고 해서, '이 회사는 업무 처리가 느리다'라는 식의 결론으로 바로 이어지는 것이 절대(!) 아니라는 말입니다. 이 부분이 인사조직론 등에서 행하는 인터뷰 분석과 구조주의의 담론 분석이 결정적으로 다른 점입니다.

문장 자체에는 의미가 없습니다. '우리', '회사', '너무', '지루하다'라는 단어를 따로 분해해놓고 계열축과 통합축에 따로 따로 배치한 후, 이로부터 공통되는 패턴을 읽어내는 방법입니

우리	회사는		지루하다	→	
즐거운		일터를	만든다	→	통합축
		시장을	창출한다	→	
	임직원이		발전한다		
↓	↓	↓	↓		

계열축

다.[35] 또한 그 문장과 다른 문장과의 '관계'가 중요합니다. 단순한 예로, '회사'라는 단어를 수식하는 표현에 '우리 (회사는요…)'가 다수 출현하는지 '이 (회사는요…)'가 주로 등장하는지에 따라 회사에 대한 사람들의 태도를 달리 읽어내는 겁니다.

이해를 돕기 위해 예를 하나 더 들어보겠습니다. 인터뷰에서 나온 발화를 분해하여 먼저 계열축주어면 주어끼리, 술어면 술어끼리, 꾸미는 말이면 꾸미는 말끼리을 따로 정리해보았더니, 이런 단어 묶음이 만들어졌다고 해보죠.

(1) 성장, 발전, 점유, 확장……

(2) 안전, 생존, 신중, 완벽……

(1)의 경우 '외부 지향'이라는 코드를, (2)의 경우는 '내부 지향'이라는 코드를 뽑아낼 수 있습니다. 참, 쉽죠? 그러나 설명을 위해 지극히 단순화했음을 잊지 마십시오. 단어군을 어떻게 묶느냐에 따라 해석이 달라지기 때문에 매우 신중하게 작업해야 합니다. 한 단어군과 다른 단어군과의 교차 분석도 해야 하고요. 그렇다고 한숨 쉬지는 마세요. 문화는 패턴의 문제이기 때문에, 대부분 비슷한 단어군이 출현하기 마련입니다. 우리가 구조주의의 시각, 즉 문장으로부터 즉각적으로 의미를 읽어내지 않고 공

35
레비스트로스는 분해되어 각 축에 배치된 요소들을 '신화소素'라 하였지요. 레비스트로스의 신화 분석 방법론에서는 문장 또는 의미 단락이 마치 한 단어처럼 취급됩니다. 의미를 가진 것처럼 보이는 문장들이 신화에서는 의미를 잃고 마치 단어처럼 취급되는 것이죠. 오이디푸스 신화에 대한 그의 독창적인, 그러나 너무나 예술적인 분석은 꼭 한 번 접해보셨으면 합니다.

통된 질서를 찾아내려는 눈을 유지만 한다면 분명히 보일 것입니다. 만일 어떤 특정한 단어들로 도저히 묶이지 않는다면 어쩌냐고요? '하늘을 나는 새의 눈'으로 보자면 '특정 단어로 묶이지 않음' 역시 하나의 문화 현상입니다. 사람들을 일관되게 묶어주는 응집력이 약하다는 가설을 세울 수 있으며, 이 경우 신화의 내러티브 역시 명확하게 드러나지 않을 가능성이 높습니다. 소명보다는 목표비전 중심으로 묶여 있는 용병 집단인 경우가 많습니다.

　계열축은 또한 통합축주어+술어+목적어+…의 결합 양상과 함께 분석해야 합니다. 주어와 술어 중 주어로 어떤 것을 주로 쓰느냐, 목적어를 많이 쓰느냐 쓰지 않느냐, 능동형의 동사를 주로 쓰느냐, 피동형을 자주 쓰느냐 등에 따라 사고의 구조가 다르다고 판단할 수 있습니다. '나'를 주어로 하느냐 '우리'를 주어로 하느냐, 회사를 '우리' 회사로 표현하느냐 회사를 객관화시켜 회사명을 주어로 쓰느냐 등등에 따라 얻을 수 있는 시사점이 달라지겠죠. 계열축의 패턴 역시 해석이 달라지게 되고요. 예를 볼까요?

"즐거운 일터 만들기"
"혁신적 상품을 개발하자"
"좋은 결과를 창출하기 위해선……"
"멋있는 회사 만들기"

어떤 회사의 인터뷰를 분석해보니 위와 같은 문장을 두드러지게 사용했습니다. 주로 목적어를 필요로 하는 술어를 사용하고 있다는 것이 패턴으로 드러납니다. 즐거운 일터도 '만드는 것'이고,36 상품은 '개발하는' 것이고, 결과는 '창출하고', 멋있는 회사도 '만들고'……. 인간의 의식은 언어로 구조화되어 있다고 했습니다. '(어떠한 대상으로서) A를 가지고 B를 만든다'라는 언어 구조에서 '도구화', '수단화'라는 공통된 사고 구조를 뽑아낼 수 있습니다. 이 문장들과 비교해보세요. '일이 즐겁기', '우리 상품은 달라요', '결과는 항상 만족할 만하고요', '회사의 멋이란 무엇일까요' 등등. 의미는 같을지 몰라도, 구조는 완전히 다릅니다. 우리의 분석 대상은 의미가 아니라 구조입니다. 이제 '하늘을 나는 새의 눈'에 대해 감이 좀 잡히는지요?

한 발 더 디뎌봅시다. 통합축에 대한 분석에 계열축을 더해볼까요? 위의 문장들에서 술어만 따로 묶어서 보죠.

만들다

개발하다

창출하다

벌써 공통점을 척하니 발견하셨죠? '생산 중심적'인 사고 특

36
인사조직론 등에서 GWP(Great Workplace)라는 이름으로 다루어지고 있죠? '즐거운 일터 만들기'라는 말은 언어 구조상 '노동은 즐겁지 않다'는 걸 무의식적으로 전제하고 있습니다. 사실 정치경제학과 경영학의 모든 논리는 노동/자본의 이분법이 무의식적으로 깔려 있다고 할 수 있죠. '멋있는 회사 만들기' 같은 경우도 '멋은 가치 있는 것(인데 우리는 돈만을 좇았어)'의 의미를 구조 안에 이미 포함하고 있네요. 언어 구조는 무의식적으로 사고에 영향을 미친다는 사실을 전제로 할 때, 이러한 점도 역시 신화 분석의 대상이 됩니다.

성이 나타납니다. 결론적으로, 통합축 도구적 사고과 계열축 생산 중심에 대한 분석으로 '생산 중심의 도구적 사고'라는 코드가 마침내그 모습을 드러냅니다. 한번 이 코드가 모습을 드러내자마자, 이기업에서 벌어지고 있던 여러 현상들이 한꺼번에 자신의 말을쏟아냅니다. 이 회사는 시스템에 왜 그렇게 집착했는지에 대한의문도, 디자인이나 마케팅 능력을 아무리 강화하려 해도 왜 사람들이 품질만 좋으면 된다는 생각을 버리지 않았는지, 창의력을 높이기 위해 창의력을 전부 측정하고 관리하려는 시도를 왜하고 있었는지에 대한 이유도 이제 밝혀집니다. 바로 이 문화 코드가 보이지 않는 곳에서 (무의식처럼) 작동하여 만들어낸 (의식의 영역에서) 보이는 효과였던 거죠.

신화의 구조

———

지금까지의 논의를 종합하여 ONF의 신화를 분석해볼까요?
출발은 신화적 사고부터입니다. 신화적 사고의 비밀을 엿보면,기업의 신화를 어떻게 분석할 것인지에 대한 해답도 얻을 수 있습니다. 다시 정리해볼까요?

- 신화적 사고와 과학적 사고 모두 세계를 두 개의 대립항으로 해석한다.
- 신화적 사고는 매개항(매개자)를 출현시킴으로써, 두 대립항의 모순을 해결하고 두 항을 '동시에' '같이' 존재시키려 한다. 이에 비해 과학적 사고는 두 항 중 하나만을 선택하려 한다.

그렇다면 우선 신화 속에서 대립되는 두 개의 항을 찾아내어 분류하는 작업을 해야겠죠. 신화를 만든 사람들의 과학적 사고 와 신화적 사고는 모두 세계를 이런 식으로 보고 있습니다. 즉, 집단의 모든 사람들이 근본적으로 세계를 어떻게 인식하는지 를 이 대립항을 통해 알 수 있는 거죠. 모두의 이해를 돕기 위 해 기업이 아니라 국가 '아메리카'를 예로 들어봅시다. 복음주의 에 기반한 현대 미국 보수 진영이 쏟아내는 모든 이야기들을 정 리해보면, 한쪽 항에 미국＝선＝신＝자본＝인간＝이성＝문명＝정 의＝독수리⋯ 등을 배치할 수 있고, 다른 한쪽에 이슬람혹은 '악의 축'＝악＝이교＝자원＝동물＝비이성＝야만＝불의⋯ 등을 놓을 수 있겠습니다. 왠지 나빠 보인다구요? 오해는 하지 마십시오. 전 아직 어떠한 가치 판단도 내리지 않고 있습니다. 누차 말씀드렸 다시피 기업문화의 분석에는 '가치 판단'이 들어가면 절대(!) 안 됩니다. 가치 판단은 분석 이후의 단계에서 내려야 합니다. 기업 문화의 유형론에 비추어서, 전략과의 정합성을 판단하는 것이

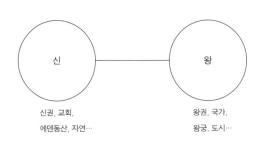

신 vs 왕의 대립항

신   왕

신권, 교회,   왕권, 국가,
에덴동산, 자연⋯   왕궁, 도시⋯

지요. 지금은 '이 사람들은 이런 인식 구조로 세계를 해석하는 구나'라는 사실을 발견할 뿐입니다. 예컨대, 이라크 전쟁, 테러, 냉전, 신자유주의 등과 같은 어떤 보이는 행동들이 미국 사회에서 나올 수밖에 없는 보이지 않는 문화적 원인 중 하나를 캐내고 '이해하는' 단계인 겁니다.

ONF 신화의 대립항도 이제 쉽게 보이시죠? 신화가 들려주고 있는, 사람들의 근본적인 인식 구조는 '신 vs 왕'의 두 대립항으로 정리할 수 있습니다.

신화적 사고는 대립되는 두 항을 '동시에' '같이' 존재하게 한다고 하였습니다. 그러기 위해서는 뫼비우스의 띠를 꼬는 존재가 필요했죠. 바로 '매개항'이었습니다. ONF의 신화에서도 어김없이 매개항이 출현합니다. '숲'이 그러하죠. 인간과 신의 중간 지대에 자리하죠. 자연의 질서가 지배하는 숲은 항상 어떤 신성함을 갖기 마련입니다. 그렇기 때문에, 필립 4세는 신권을 얻기 위해 숲을 조성하려 했던 것이죠.

하지만, 숲은 또 다른 대립항을 만들어냅니다. 왕은 신권을 누르려 했죠. 숲은 '신권을 가진 왕'만의 공간으로 만들어버렸고요. 한쪽이 한쪽을 먹어버린 거죠. 대칭성을 중요시하는 신화적 사고는 이를 용납하지 않습니다. 바로 대립항이 출현합니다. '왕

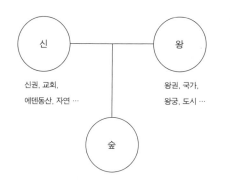

신 vs 왕의 대립항을 매개하는 숲

신

신권, 교회,
에덴동산, 자연 …

왕

왕권, 국가,
왕궁, 도시 …

숲

의 숲'은 '인간의 도시'라는 대립항을 출현시킵니다. 아아, 구성원들의 마음에 있는 신화적 사고의 활동은 멈추지를 않아서 이 대립항을 두고 볼 수 없기에, 매개항을 또다시 소환합니다. 그렇게 등장하게 된 것이 바로 도시와 숲의 경계를 사수하는 '숲의 천사단'이었던 거죠. 신화의 주인공은 '매개자'라고 했던 것 기억하시죠? 드디어 주인공 ONF가 출현합니다.

신화의 구조 중 대립항과 매개항만 추리면 아래 그림과 같습니다. 가로축은 대립항, 세로축은 매개항입니다.

사람들이 세계를 인식하는 창은 기본적으로 '신성한 존재가 거하는 숲 vs 일반 시민들이 사는 도시'의 대립 구조임을 신화로부터 볼 수 있습니다. 그리고 자신들 스스로를 '숲 vs 인간이 사는 영역' 사이에서 어떤 역할을 하는 '매개자'로 자리매김하고 있습니다. 스스로 신화의 주인공임을 인식하고 있던 것이죠. 그렇다면, '매개자로서의 역할'은 무엇이었을까요? 그 답은 바로 〈신화가 계시하는 것 1 : 소명〉에 있습니다. 그리고 '매개자로서의 신화적 행동'이 바로 '문화 코드'입니다.

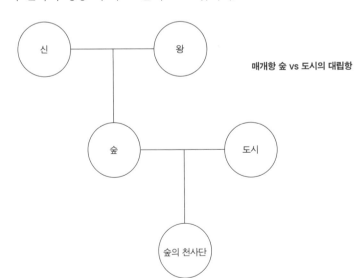

매개항 숲 vs 도시의 대립항

사람들의 심층에 있는 무의식을 이제 *끄*집어내었습니다. 사실 *끄*집어냈다기보다는 '스스로 드러나게끔 했다'고 하는 편이 옳습니다. 우리의 방법론은 '해'의 그것이자, 농업과 미술치료의 그것이자, 철학적으로는 하이데거의 '존재가 스스로 자신을 드러내기poiesis'의 방법론이라고 할 수 있으니까요. 이로써 이 회사의 사람들이 '세계를 인식하는 근본적 시선'을 알 수 있었고, 그럼으로써 '왜 경영상에서 문제점이 발생할 수밖에 없었는지'에 대한 의문이 풀렸습니다. 생태 관광 사업이 왜 되지 않았는지, 숲의 친환경적 개발이 왜 되지 않았는지, 왜 그들은 변화를 거부했는지…… 모두 알게 되었는데, 어쩌란 말이죠? 이건 무의식의 문제이니 어쩔 수 없어, 라며 손을 놓아야만 할까요?

신화의 트랜스포머

___

다시 강조하자면, 신화를 변형해야 한다는 인식을 하는 자체가 중요합니다. 기업의 무의식으로서 기업문화의 힘을 인지하고, 구성원의 무의식이 신화의 형태로 힘을 미치고 있음을 인정해야 합니다. 그렇지 못한 경우, 예컨대 인사HR나 경영 시스템의

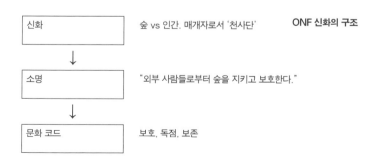

ONF 신화의 구조

신화	숲 vs 인간. 매개자로서 '천사단'
↓	
소명	"외부 사람들로부터 숲을 지키고 보호한다."
↓	
문화 코드	보호, 독점, 보존

문제로 환원하는 경우가 태반이니까요. ONF도 거의 10년 가까이 그랬죠. 기업문화를 다른 무엇으로 환원하지 말아야 우리는 문제의 본질에 가까이 다가갈 수 있습니다. 기업은 신화적 사고와 과학적 사고가 '동시에' '같이' 만들어가는 장이기 때문입니다. 기업문화는, 그리고 기업에 있는 '사람들'은 '문화를 다루는 과학'의 눈으로 봐야만 한다는 상식을 다시 한 번 확인합니다.

신화는 집단 무의식의 세계로 들어가는 통로라고 할 수 있습니다. 신화는 기업의 무의식을 담고 있는 '그릇'인 동시에 그 무의식을 계속 만들고 재생산하는 '도공'이라는 점을 전제한다면, 신화를 변형하는 작업이야말로 그러한 인식 구조를 바꾸는 핵 core입니다. 여러 경영혁신 툴이나 인사 제도의 변화, 조직 문화 캠페인 등의 시도들이 실패를 겪거나 때로는 상황을 더 악화시키는 이유도 여기에 있습니다. 과학적 사고가 작동하는 영역을 다루는 이론으로 신화적 사고가 작동하는 세계를 다루려고 하니, 오히려 '이상하게 변형된 경영'이 출현하는 결과를 낳게 되는 거죠. 뫼비우스의 띠 위에 있는 줄도 모르고, 계속 죽어라 열심히 걸어가고 있는 경영자를 상상해보세요. 에서가 그린 〈상대성〉이 혹시 여러분의 모습은 아니던가요?

상대성

ONF에서 시도한 여러 혁신 방식들이 오히려 침입자들로부터 자신들을 지키는 일을 더욱 효율적으로 강화하는 결과만 낳았던 게 이런 이유 때문이었죠. 예컨대, 내부의 강한 관료 조직을 혁신하기 위해 모든 평가를 '수치화된 성과'로 측정하려는 시도가 있었습니다. 내부 경쟁 체제도 도입했고요. 그런데 이 같은 인사 제도는 신화로부터 비롯된 보호, 독점, 보존이라는 문화 코드의 영향 아래 있을 수밖에 없습니다. 무의식이니까요. 자신들의 팀원들을 '보호'하기 위해 성과를 배분하려는 경향이 출현했고, 다른 팀과의 경쟁으로 인해 서로의 벽은 더욱 강화되었습니다. 다른 팀은 '나의 독점적 성과 영역에 들어온 침입자'로 간주되었습니다. 이로써 보호, 독점, 보존의 코드는 더욱 강화됩니다. '과학적 성과 평가'라는 새로운 인사 제도는 오히려 이러한 악순환에 갇히게 된 거죠. 뫼비우스의 계단을 맴도는 무표정한 저 사람들처럼 말이죠.

그렇다면, 신화를 어떻게 바꿀 수 있을까요? 무의식이라고 하니 섣불리 건드릴 수도 없고, 이거 참……. 단지 ONF뿐만 아니라 바로 여러분 자신의 경험이기도 할 겁니다. 결국 우리는 다시 레비스트로스에게 물어봐야겠습니다. 아니, 바로 이 순간 우리의 마음속에서도 작동하고 있는 신화적 사고에 말을 건네는 겁니다.

앞에서 보았듯이, 신화적 사고와 과학적 사고 모두 두 개의 대립항으로 세계를 건축합니다. 그래서 우리도 ONF의 신화에서 대립되는 두 항을 찾아내는 작업을 했죠. 그렇다면 이 두 개의 대립되는 구조 자체를 신화 속에서 바꾸면 되지 않을까요? 신화를 다시 써서 말이죠.

유감스럽지만, 제 대답은 'NO!'입니다. 두 대립항은 신화적 사고와 과학적 사고가 함께 만들어낸 근본적인 인식 구조이기 때문에 쉽게 바뀌지 않습니다. 섣불리 바꾸려 하면 대립이 더 강화될 뿐입니다. 열쇠는 '매개자'가 갖고 있습니다. 왜 그럴까요?

레비스트로스와 그의 동지들은 아메리카 인디언의 방대한 신화 자료를 탐색하던 중, 분석한 모든 신화들 사이에 어떤 특정한 '변환 관계|transformation'가 존재한다는 사실을 발견했습니다. 그리고는 신화의 변환을 가능하게 하는 규칙을 찾으려 합니다. 결국 신화를 만드는 보이지 않는 힘인 신화적 사고의 자리로 다시 돌아가게 되는데, 그건 바로 '매개자의 역할 변화'가 신화를 변환하는 열쇠임을 발견했기 때문입니다.

여러 번 보았듯이, 신화적 사고는 A=not A를 가능하게 하는 무의식입니다. A와 not A라는 두 항을 '동시에' '같이' 존재하도록 만들기 위해선 제3의 매개항이 필요합니다. 이야기로 만들어진 신화 속에서는 이야기의 주인공이 '매개자'로 등장하게 되고요. 해님달님 민담에서의 '사람 옷을 입은 호랑이'라던가 단군신화의 '곰'이 바로 이러한 매개자인 거죠.37 '해=남성오빠 vs 달=여성여동생'의 구조를 만들어내기 위해 신화는 '사람 옷을 입은 호랑이'라던가 '동아줄' 등등 계속 매개자를 출현시킬 수밖에 없습니다. '호랑이가 사람 옷을 입는다'는 것 자체가 이미 중간자적이고 매개자적인 모습이죠. 또한 '혁신적'이기도 하지요.

이승과 저승을 넘나들어 스토리의 큰 변화를 만드는 존재는 신화의 단골 인물, 즉 신화에서의 매개자는 '세상을 바꾸는 혁신적 존재'라고 할 수 있습니다. 뫼비우스의 띠를 비트는 존재! 신화학에서는 이러한 주인공을 '트릭스터'라고 부릅니다. 도대체 합리적으로 예측할 수 없는 행동을 하는 인물이기도 하면서, 희한하게도 어떤 활약을 펼쳐 새로운 세상이나 질서를 만드는 존재이기도 합니다. 사우스웨스트 항공이나 애플, 구글의 신화가 널리 받아들여지게 된 것도 이들 기업이 트릭스터의 성격을 갖고 있기 때문입니다. '기업=컴퓨터=정보 소유… vs 개인=집=정보 소비…' 등 두 대립항을 매개하여 세상을 바꾸는 역할을 애플이라는 트릭스터가 하는 거죠. 인간의 신화적 사고가 애플과 구글에게 그러한 역할을 부여한다고 할 수 있습니다.

그런데 이 매개자라는 존재가 참으로 묘합니다. 아메리카 인디언, 오스트레일리아 애버리진 등의 방대한 신화들을 분석해보

37
임봉길 외, 《세계 신화의 이해》, 소화, 2009. 임봉길 교수는 레비스트로스의 구조주의 방법론으로 단군신화를 흥미롭게 분석합니다. 특히, 하늘과 땅의 매개자 환웅, 인간과 동물의 매개자 곰, 곰과 인간의 매개자인 마늘과 쑥…… 이렇게 끊임없이 매개항을 만드는 인간의 신화적 사고가 한반도에 살던 사람들에게도 보편적이라는 사실은 한국의 기업문화를 다루고 있는 우리에게 매우 많은 시사점을 줍니다.

았더니 이 매개자들의 역할이 조금씩 바뀐다는 겁니다. 처음에는 인류에게 문화적 산물을 가져다준 '좋은 영웅'으로 묘사되었던 인물이 다른 신화에서는 교활한 성질을 드러내며 '미묘한 영웅'으로 변하더니, 또 다른 신화에서는 온갖 쓸데없는 것을 세상에 퍼트리고 다니는 '악한 영웅'으로 묘사되기에 이르기도 하죠. 즉, 원주민들은 자신들의 세상을 해석하는 신화를 변환하기 위해 '매개자의 역할'을 살짝 '비튼다'는 거였습니다. 방금 전에 보았듯이, 기존의 질서대립항의 구조를 바꾸는 존재가 바로 매개자이기에 그 자체의 성격이 모순을 품고 있어야만 합니다. 기업에서의 용어로 바꾸어 말하자면, 혁신과 변화의 씨앗을 품고 있는 존재가 바로 매개자입니다. 우리는 여기서 이렇게 결론내릴 수 있습니다.

- 인간의 신화적 사고는 매개자의 역할이 바뀌는 것을 자연스럽게 받아들일 준비를 하고 있다.
- 그러므로, 기업 신화에서 불변하는 대립항의 구조 자체는 바꿀 수 없지만, 매개자의 역할(소명)은 변환이 가능하다.
- 뫼비우스의 띠를 꼬는 것처럼 매개자의 역할을 살짝 '비틂으로써' 매개자의 행동(문화 코드)도 신화 속에서 달라질 수 있다.

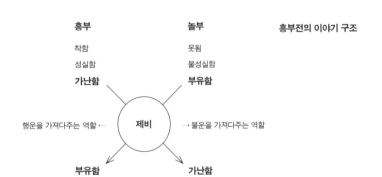

흥부   놀부   **흥부전의 이야기 구조**

착함   못됨
성실함   불성실함
가난함 **부유함**

행운을 가져다주는 역할 ← 제비 → 불운을 가져다주는 역할

부유함 **가난함**

얼마 전 일본의 한 기업을 컨설팅할 때, 흥부와 놀부 얘기를 한 적이 있었습니다. 신기하게도 아니 어쩌면 당연하게도, 일본에도 거의 유사한 민담이 있어 이해를 돕기가 쉬웠는데요, 여기서 똑같이 등장하는 매개자가 바로 '제비'입니다.[38] 여기서 군이 흥부, 놀부 얘기를 다시 할 필요는 없으니, 이야기가 어떤 구조인지 왼쪽에 있는 그림을 살펴볼까요?

사실 흥부, 놀부 이야기의 주인공은 제비입니다. 제비의 활약으로 '가난함 vs 부유함'의 대립 구조가 완전히 역전되어버리죠. '세상이 통째로 바뀌는' 데 결정적인 역할을 하는 것이 제비입니다. 그런데 이 제비가 흥부에게 한 역할과 놀부에게 한 역할은 완전히 반대였죠? 하지만 이야기를 읽는 사람들은 제비가 사실은 '같은' 역할을 한 걸로 인식합니다. 아주 자연스럽게요. 이렇게 매개자가 되는 존재는 이야기의 큰 구조 안에서 역할이 비틀어지더라도, 아니 비틀어짐으로써 이야기를 진화시킬 수 있는 것입니다.

ONF 신화의 기본적인 대립항은 '신 vs 왕', '숲 vs 인간'이었습니다. 이 대립항은 기본적인 인식 구조이기 때문에 한 번에 바꾸기가 어렵다고 하였습니다. 그래서 우리가 주목하는 것은 '매개자의 역할'이었죠. 역할이 변하면 '매개자의 행동'도 당연히 달라질 테고요. 신화에서 매개자는 바로 자신 — '숲의 천사단'이

38

사실 세계의 수많은 신화에서 제비는 그러한 역할을 담당합니다. 이는 제비라는 생물체가 가진 성격 자체가 겨울(죽음의 세계)과 봄(생명의 세계)의 사이에 있고 인간은 이를 '은유'하려는 경향이 있기 때문일 것입니다. 마치 제비가 '느닷없이' 겨울에서 봄을 몰고 온 것처럼 보이는 거죠. 제비와 관련된 재미있는 신화들은 《신화, 인류 최고의 철학》(나카자와 신이치 지음, 김옥희 옮김, 동아시아, 2003, 84~89쪽)을 참고하시기 바랍니다.

었죠? 신화 속에서 그들의 소명을 '(뫼비우스의 띠를 만들듯이) 살짝 비트는' 방법이 바로 '신화의 전략적 변환'이라고 할 수 있습니다. 물론 '기업의 의식'인 경영전략과의 정합성을 가져가야 하고요. 무의식과 의식의 조화! 목재 공급자들간의 경쟁 강화에 대응하고, 생태 관광의 확산에 따른 친환경적인 레저 사업에 대응하는 것이 당면한 경영전략상의 과제였습니다. 이를 고려하여, 신화는 이런 이야기로 변환 가능합니다.

신권에 대항한 왕 필립 4세는 에덴동산을 상징하는 숲을 조성했다.
그리고 숲을 관리할 '숲의 천사단'을 만들게 된다.
에덴동산을 관리하던 인간 아담이 신의 금기를 어기고 선악과를 따 먹음으로써 비로소 '인간으로서의 삶'을 얻었던 것처럼, '숲의 천사단'은 신의 영역이었던 숲을 인간인 왕에게 돌려주게 된다.
그들로 인해 '신의 사적인 영역'이었던 숲은 인간에게 문을 열어 '인류의 공적인 영역'이 된 것이다.
왕의 사후에도 이들은 공익을 위해 숲을 번창하게 하고, 숲과 사회의 공존을 도모하게 되었다.

'신 vs 왕', '숲 vs 인간'의 대립항은 전혀 바뀌지 않았습니다.

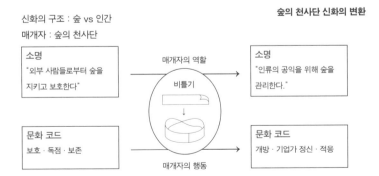

신화의 구조 : 숲 vs 인간
매개자 : 숲의 천사단

숲의 천사단 신화의 변환

소명
"외부 사람들로부터 숲을 지키고 보호한다"

매개자의 역할

비틀기
↓

소명
"인류의 공익을 위해 숲을 관리한다."

문화 코드
보호 · 독점 · 보존

매개자의 행동

문화 코드
개방 · 기업가 정신 · 적용

다만 매개자로서 역할이 비틀어졌죠. 이로부터 '인류의 공익을 위해 숲을 관리한다'는 소명을 부여받게 되었습니다. 이들의 최초 행동은 '인간에게 숲의 문을 열었고', 공익을 위해 숲을 '번창하게 하였고', 숲과 사회의 '공존을 도모'했죠. 이로부터 문화 코드의 핵심이 될 수 있는 개방openness, 기업가 정신entrepreneurship, 적응-adaptability이 심어질 수 있는 것입니다.

신화 변환의 공식

신화학의 세계로 한 발 더 깊이 들어가볼까요? 앞서 말씀드렸듯이 수많은 신화를 분석한 끝에, 레비스트로스는 한 신화군에서 신화가 변형되는 공식을 세우기에 이릅니다.

$$fx(a) : fy(b) \simeq fx(b) : fa{-}1(y)\text{[39]}$$

마치 수학 공식 같습니다. 수학을 잘 못하는 저로서는 이 공식 앞에서 얼마나 좌절했는지 모릅니다. 하지만 이 공식이 수학적인 엄밀성을 요하는 것이 아니라는, 아니 그래서는 오히려 안 된

39
클로드 레비스트로스 지음, 임봉길 옮김, 《신화학 2 – 꿀에서 재까지》, 한길사, 2008, 351쪽.

다는 사실을 알게 되니 의문이 풀리더군요. 그냥 저의 신화적 사고에 맡겨버렸던 거죠.

　이 공식에서 기업의 신화학을 하는 우리에게 의미 있는 부분은, '매개자의 역할기능'의 변환을 통해 대립되는 두 항 중 하나의 항에 '뒤집힘'이 일어난다는 점입니다. 여기서 f는 function을 의미합니다. 좌변은 원래의 신화, 우변은 변환된 다른 신화를 의미하고요. 편의상 좌변을 신화1, 우변의 변환된 신화를 신화2라고 부르겠습니다. 신화1과 신화2 모두 a와 b의 대립항을 갖고 있습니다. 신화1에서 a는 x와 연관된 역할f을 하고, b는 y와 연관된 역할을 합니다. 이를 fx(a) : fy(b)로 나타냅니다. 그런데, 같은 신화군의 다른 신화를 보니 신화1의 변환이 이루어져 있더라 이겁니다. 거기서는 신화1에서 y의 역할을 맡던 b가 x의 역할과 연관이 되어 있더니, a의 역할이 a-1로 뒤집혀 있더라는 겁니다.

　ONF 신화의 변환에 이 공식을 적용해보면 이렇습니다.

f에덴(신) : f숲(ONF) ≃ f에덴(ONF) : f신-1(숲)

　우변을 주목해주십시오. 매개자인 ONF의 활약으로 숲은 '신-1'의 존재, 즉 신의 반대항인 인간의 것으로 변환되었습니다. 참 편리하다고요? 하지만 저는 경영전략을 고려한 신화 변환 작업 후에 이를 검증하는 차원에서만 공식을 활용합니다. 신화적 사고의 영역에서는 수학적 엄밀성을 적용해선 안 되기 때문입니다. 신화는 공식에 대입해서 바로 결과가 나오는 방정식이 아닙니다. 레비스트로스는 신석기시대부터 전해져 내려온 것으로 여겨지는 신화들을 분석하여 비로소 발견했다는 사실 때문이기도 합니다. 즉, 수많은 세월을 거쳐 인간이 자연스럽게 무의식적으로 변형해온 신화가 분석의 대상이었던 거죠. 그 역시 일종의 '사후 검증용'으로만 이 공식을 사용했습니다. 이로부터 레비스트로스는 신화적 사고의 보편적 구조를 다시 한 번 확인할 수 있었고요. 그렇기 때문에, 똑같은 무의식의 구조를 가진 현대 기업의 구성원들에게도 적용이 가능합니다. 돌도끼를 들고 다니던 '미개인'과 스마트폰을 들고 다니는 '비즈니스맨'의 사고 '구조'는 전혀 다르지 않은 것입니다.

길고 긴 길을 걸어왔습니다. 하지만 아직 우리는 두 번째 열쇠를 돌리고 있을 뿐입니다. 기업문화는 신화적 사고가 작동하는 영역임을 알고, 인간의 신화적 사고에 최대한 부합하도록 신화를 변환해놓았을 뿐이죠. 이렇게 변환된 신화는 '날신화'가 되어야 합니다. 즉, 사람들이 실제로 믿고 얘기하고 담론 속에 숨겨져야 합니다. 여기에는 시간이 필요합니다. 그 시간은 물리적 시간이 아니라 의식과 무의식 속에서 일어나는 '마음의 시간'입니

다. 그것을 다른 말로 '마법의 순간'이라 표현할 것입니다. 마음
이 신화를 흡수하는 무의식의 시간에 대해서는 다음에 더 많은
얘길 하도록 하고요, 정리하고 길을 다시 가겠습니다.

신화는 그 자신을 드러내면서 동시에 그 자신을 숨깁니다.[40]
우리의 일은 마치 숨바꼭질하듯이 숨겨진 신화를 찾아내고 그것
을 전략에 맞도록 변환한 후 다시 사람들의 무의식 속으로 숨기
는 것에 다름 아닙니다.

기업의 역사와 기업의 신화

잠시 쉬어가는 기분으로, 다른 얘기를 해보겠습니다. 마침 질
문을 던지는 분들이 있군요. "그렇다면 신화와 역사의 차이는 뭐
지?" 둘 다 마치 '이야기'처럼 '옛날'을 다루고 있으니까요.

역사와 신화의 가장 큰 차이는 시간성에 있습니다. 역사는 '옛
날이야기'이고, 신화는 '옛날에 그랬기에 지금도 그러한 이야기'
입니다. 역사는 과거형이고, 신화는 언제나 현재진행형이죠. 왜
냐하면 신화는 '모든 존재하는 것의 이유'를 말하고 있고, 그렇
기 때문에 '지금' 사람들의 행동의 모범형을 계시하기 때문입니

40
레비스트로스는 이렇게 말합니다. "신화보다 객관화된 사고를 더 훌륭히 예시하고 현실을 경험
적으로 증명할 수 있는 것은 아무것도 없다고 믿는다. 신화를 만들고 전수하는 토착인들이 신화
구조와 조작 방법을 의식하며 만들 수 있다고 하더라도 의식적인 조작은 단지 부분적이거나 간
헐적일 수밖에 없을 것이다. 이것은 언어와 마찬가지다. 주체가 과학적인 소양과 필요한 기교를
가졌다고 해서 그가 말하는 동안 음운 법칙과 문법을 응용하려 한다면 그는 금방 자신이 말하려
는 바를 잊어버리게 될 것이다. 이와 마찬가지로 신화적 사고를 사용하고 운용하려면 신화의 특
성들은 숨겨져 있어야만 한다." 클로드 레비스트로스 지음, 임봉길 옮김, 《신화학 1 - 날것과 익힌
것》, 한길사, 2005, 109쪽.

다. 지금 해야 할 것과 하지 말아야 할 것을 구분할 수 있게 하는 가장 근본적인 이야기죠.

인간이라는 존재는 세계를 한꺼번에 인식해서 하나의 일관된 논리체계로 자신의 머릿속에 두려고 합니다. 신화적 사고의 역할이죠. 이에 비해 과학은 부분에 대한 아주 자세한 해석을 주는 것이고, 역사는 과거-현재-미래로 이어지는 직선적 시간 중 특정한 '한 시점'에서의 사건을 말해줍니다. 전체로서 '내'가 속한 세계의 모든 것에 대해, '내'가 속한 모든 시간에 대해 한꺼번에 설명해줄 수 있는 것은 신화뿐입니다.

역사를 계속해서 편찬하려고 하는 현대인의 모습 역시 '신화적 사고를 할 수밖에 없는 인간 존재'를 역으로 증명하고 있습니다.[41] 우리가 《기업문화 오디세이 1》에서부터 계속 견지하고 있는 시선, 즉 '하늘을 나는 새의 눈'으로 보자면, 우리의 관심사는 '역사가 가지는 의미'가 아니라 '역사 편찬 행위 그 자체'인 것이죠. 이렇게 보자면, '끊임없이 사료를 편찬하려는 인간형' 자체가 신화에서 계시된 인간형이라는 것을 볼 수 있습니다. 부분을 전체로 포섭하려는 신화의 욕망은 정말 끝이 없는 듯합니다. 신화는 심지어 '사료를 편찬하려는 인간'이라는 인간형의 기원마저 설명하려고 하고, 신화에서 그 인간형이 계시되어야 사람들은 역사 편찬의 정당성을 부여받게 됩니다.

41
엘리아데는 이렇게 말합니다. "나의 연구에서 흥미를 끄는 것은 역사가 가진 의미가 아니라 사료 편찬 그 자체이다. 다른 말로 하면, 현대적 사건의 기억을 보존하려고 하는 노력과 인류의 과거를 가능한 한 알려는 욕망이다." 미르치아 엘리아데 지음, 이은봉 옮김, 《신화와 현실》, 서울대학교 출판부, 1985, 163쪽.

모범적인 사례로 아모레퍼시픽의 경우를 보겠습니다. (주)아모레퍼시픽은 1990년대 중반 위기 극복 과정에서 50년사 편찬 작업을 진행했습니다. 이와 병행한 구조조정 작업과 강도 높은 내부 혁신을 통하여 성공적으로 위기를 극복하고 성장할 수 있었죠. 그 성공적인 작업 이후 사사社史 편찬 행위 자체가 '하나의 모범적 행위'이자 '지금 그렇게 해야만 하는 기원'으로서 다시 신화로 포섭되었습니다.

그리하여 10여 년 후에 다시 《미의 여정 – 샘, 내, 강, 바다》라는 이름의 역사책을 편찬하게 되었습니다. 즉, 구전으로 반복되고 있는 아모레퍼시픽의 신화에는 역사 편찬 행위 자체의 기원이 포함되어 있었던 것이고, 그러므로 사람들은 역사 편찬 행위의 중요성을 인식하고 그 작업은 정당성을 부여받게 된 것이죠. 신화를 통해 그 행위의 존재 이유가 만들어지게 되었으니까요. 이처럼 신화는 모든 것의 존재 이유입니다. 역사의 존재 이유도 신화 안에 있는 것이죠.

그렇다면 기업에서 역사가와 신화학자혹은 인류학자의 역할도 근본적으로 달라집니다. 역사가는 소멸해버린 사회의 모습과 그것들이 존재했던 그때그때를 복원하고자 합니다. 신화학자나 인류학자의 몫은 이와는 다릅니다. 신화를 다루는 사람은 현재의 사회가 지금의 모습으로 되기까지 걸어온 역사적 단계를 재구성합니다.42 그래서 그 안에 감추어진 코드를 발견하는 것이지요.

아모레퍼시픽에서 저는 기업사 편찬과 신화의 채집, 그리고 재구성 작업을 같이 맡았었습니다. 그러나 사료의 수집 및 자료의 정리는 제가 맡지 않았죠. 그것은 '역사가'의 몫이기 때문입니다. 사료의 해석과 재구성은 신화학자의 몫이기 때문에 제가 맡았고요. 물론 기업의 가장 큰 신화학자는 최고경영자입니다. 특히 그 기업의 문화가 강한 응집력에 기반을 두고 있을 때에는 더더욱 그러하죠. 우리가 기업문화와 경영활동을 구분하여 동시에 다루어야 하는 것과 같이, 기업에서 역사를 다룰 때에는 이처럼 신화학자의 몫과 역사학자의 몫을 구분하는 것이 '전략적'입니다.

단지 기업의 사사를 읽히는 책으로 만들기 위해 고민하는 것을 넘어 이처럼 신화학자와 역사가의 몫을 구분해주어야 사사라는 것이 책장 속의 멋들어진 책이 아니라 실제로 '힘'을 발휘하는 '신화'로서 기능할 수 있습니다. 왜냐하면 사사라는 회사의 역사가, 그리고 역사를 편찬하는 작업 자체가 기업문화에 영향을 미치는 것은, 오직 그것이 신화가 될 때에만 가능하기 때문입니다.

그렇다면 역사를 편찬하는 것 자체와 기업문화를 다루는 업무는 '직접적인 상관은 없다'고 할 수 있겠네요. 기업문화에서는

42
129 클로드 레비스트로스 지음, 안정남 옮김,《야생의 사고》, 한길사, 1999, 366쪽.

언제나 신화가 우선순위에 있다는 말입니다. 역사 역시 회사의 신화에 의해서, 그 관점에 바탕을 두고 쓰여질 테니까요. 그러니 신화를 전략적으로 만드는 것이 먼저입니다. 역사도 그러한 '전략적 신화'의 틀 안에서 쓰여지게 되는 것입니다. 사람들이 회사의 역사책을 읽는다 하더라도 그 역사를 인식하는 방식 역시 언제나 신화적으로, 즉 구전으로, 이야기로, 전체를 한꺼번에 설명할 수 있는 사고의 틀로, 회사의 모든 기능과 일의 존재 이유를 찾아가는 방식으로, 신화적 사고에 의해 이루어지기 때문에 그렇습니다.[43]

그렇다면 우리의 과제는 무엇일까요? 신화를 만드는 것? 정답입니다. 이제 신화를 변환하는 방법은 알았습니다. 신화를 통해 이항 대립의 세계를 건축하고, 매개자로서 주인공을 등장시켜 그의 활약을 '비틀어' 신화가 계시하는 소명과 문화 코드를 만들었습니다. 그러나 그것만으로는 무언가 부족합니다. 레비스트로스는 신화를 변환하는 방법을 우리에게 알려주었지만, 안타깝게도 그가 신화를 직접 만들지는 않았죠.

신화적 사고의 세 번째 비밀, 기억나시나요? 바로 '이야기하는 피카소'였죠. 즉, 인간의 뇌는 세상을 해석하는 데 내러티브가 있고 인과관계가 있는 이야기를 만들려는 특성이 있다는 말씀. 그렇다면, 우리는 또 하나의 질문을 던져야만 합니다. 신화가 인간

43
같은 맥락에서 레비스트로스는 "역사 전문가들은 역사가 신화의 성격을 결코 완전하게 벗어날 수 없다는 사실을 이제 고백해야만 할 것이다. 역사에서 진실한 것은 신화에서는 더욱 그렇다"라고 말합니다. 클로드 레비스트로스 지음, 임봉길 옮김, 《신화학 1 – 날것과 익힌 것》, 한길사, 2005, 112쪽.

의 보편적인 사고가 만들어낸 것이라면, 그 이야기 구조에도 어떤 보편성이 있지 않을까요? 그걸 알아낸다면 이제 신화라는 '이야기'를 좀 더 분석해낼 수 있고, 나아가 다시 쓸 수도 있을 것만 같은데요.

새로운 이야기를
쓰게 된
네오

"자, 너는 이제 선택을 해야 한다. '너 이전의 다른 너'처럼 인류를 구하기 위해 시스템으로 편입될 것이냐, 아니면…… 이런, 너는 이미 선택을 했군. 인류를 버리고 사랑하는 이를 구하러 가려고 하는군. 변종이야."

〈매트릭스 2 − 리로디드〉의 후반부에서, 소스source에 찾아온 네오에게 매트릭스의 설계자 아키텍트가 한 말입니다. 그전의 여러 매트릭스에서−지금의 매트릭스와는 다른 여러 매트릭스가 존재했다는 사실에서 우리는 '기업문화의 상대성'을 보았죠−네오 같은 이들은 결국 소스에 들어와서 시스템으로 편입됨으로써 매트릭스를 진화시키는 역할을 해왔죠. 그것이 그들의 '소명−존재의 이유'였던 것입니다. 그런데 네오는 다른 '선택'을 합니다. 이제 그의 소명−역할에 뫼비우스의 띠 같은 '비틀림'이 일어납니다. 마치 영화에서 검은 고양이가 화면에서 '비틀릴 때' 매트릭스의 변환이 일어났던 장면처럼 말이죠.

네오는 기계와 인간 사이에서 '매개자'적인 존재입니다. 신화의 주인

소스를 나가는 네오에게 말하는 아키텍트

공은 매개자라고 했죠? 그렇기에 네오는 매트릭스라는 신화의 주인공 역할을 할 수 있는 거죠. 그런데 여기서 매개자의 역할에 어떤 '비틀림'이 발생하게 됩니다. 인류의 구원이 아닌, 사랑하는 여인 트리니티의 구원을 선택하니까요. 이게 왜 비틀림이냐 하면, '사랑'이라는 큰 코드는 변함이 없는데, 그 대상은 인류가 아닌 한 여인이 된 것이라 그렇습니다. 인간의 머릿속으로는 그냥 살짝 비튼 것에 불과했지만 방정식에 의해서만 움직이는 기계인 아키텍트로서는 예상할 수 없는 상황이 발생했고, 이제 매트릭스의 이야기 자체에 변환이 생깁니다. 과학적 방정식에 따른다면 네오가 인류를 구한다는 선택을 해야 하고 시스템에 편입됨으로써 매트릭스는 진화하고 신화는 거기서 잘 마무리되어야 하는데 말이죠. 기존의 예언과 믿음은 모두 무너지고 이제 이야기는 새롭게 쓰여집니다.

매개자로서 네오의 역할에 또 한 번 큰 비틀림이 일어나는 순간이 있습니다. 바로 '트레인 스테이션'이라는 공간에 갔다 온 뒤입니다. 거기서 사티|sati라는 아이를 만납니다. 사티는 오라클처럼 매트릭스를 설계하는 프로그램이 되죠. 그곳에 갔다 온 뒤로 그는 머리에 꽂는 선으로 '접속하지 않아도' 매트릭스와 현실계를 넘나들 수 있게 되었고, 또 (눈이 먼 상태의) 현실에서도 빛으로 된 코드를 볼 수 있게 됩니다. 무

엇보다 '죽음으로써의 희생'이 자신의 존재 이유임을 깨닫게 되죠. 트레인 스테이션에서 만난 사티의 말, '여기 있어야 할 존재의 이유가 있기 때문에 난 여기 있는 거예요'라는 한마디를 듣고 난 뒤.

말이 나온 김에 한 가지 흥미로운 얘기를 덧붙이자면, 어떤 큰 변화가 일어나는 공간 역시 모두 '매개 지대'라는 사실입니다. 이 세계도 아니고 저 세계도 아닌 공간이죠. 즉, 두 개의 대립되는 항 어디에도 속할 수 없는 공간으로부터 새로운 세계가 다시 시작된다는 신화학의 공식이 그대로 적용됩니다. 2편의 소스source라는 공간이 우선 그러하죠? 수많은 문들 중 하나 안에 있는 기계 세계와의 중간 지대. 그리고 3편의 '트레인 스테이션' 역시 매트릭스에 속하는 것도 아니고 매트릭스에 속하지 않는 것도 아닌 공간입니다. 둘 다 마치 뫼비우스의 띠처럼 꼬인 구조 안에 있지요. 소스에서는 한쪽 문을 열고 들어갔는데 다른 문으로 바로 나오지를 않나, 트레인 스테이션에서는 한쪽 터널로 들어갔는데 바로 다른 방향 터널로 나와 다시 그 자리로 돌아오게 되었죠. 바로 인간 무의식의 구조를 상징합니다. 그리고 사회의 무의식-문화가 생성되는 구조를 상징하기도 하고요. 그리고 그 안에서 무언가 변화와 혁신이 일어나게 됩니다. 이 매트릭스가 우리의 기업이라면, 우리가 그 기업의 매트릭스를 해부하고 있는 것이라면, 그리고 그 주인공들이라면, 기업문화라는 무의식의 공간에서 진정한 혁신이 일어날 수 있다고 보아야 하지 않을까요?

이제 이야기는 새롭게 쓰여집니다. 그러나 사실 그 이야기는 큰 구조 안에서는 달라진 것이 아닙니다. 매트릭스 세 편을 모두 연결해서 떠올려보세요. 결국 '인간과 기계의 평화로운 공존'이라는 큰 이야기 안에 있지 않나요? 레비스트로스가 신화의 변주—완전히 달라 보이는 신화들이 '거대한 신화군' 안에서 변환을 일으키며 군群을 형성해간다는 것—를 발견한 것과 같습니다. 기업의 매트릭스 안에서도 신화의 변환을 통해 혁신이 일어납니다. 그러나 그것 역시 더 큰 이야기 구조 안에 있게 됩니다. 마치 성서의 구조처럼.

3

신 화
의

스 토 리 텔 링

모이어스 : 그러니까 문화적으로 아무 연관이 없는데도 같은 이야기가 퍼
져 있을 수도 있군요. 이런 사실이 어떤 의미를 지닙니까?

캠벨 : 신화를 읽다 보면 가장 놀라운 게 그 점이지요. 나는 평생 이
짓을 해왔습니다만 아직도 한 문화권의 이야기가 다른 문화권
에서 그대로 발견되는 데 놀라고는 합니다……. 그건 그렇고
그 뒤 나는 힌두교에도 관심을 가지고 이것저것 읽었는데, 아,
거기에도 같은 이야기가 있더군요. 대학 졸업 논문은 중세의
아더왕 이야기를 다룬 것이었는데, 인도에도 같은 이야기가 있
는 겁니다. 나는 이런 이야기들과 평생을 살아왔으니까, 감히
같은 이야기가 아니라고 우길 사람은 없을 것입니다.

모이어스 : 그러니까 시공을 초월한 테마로, 어떤 문화에도 있는 것이군
요?

캠벨 : 그렇지요. 테마가 시공을 초월해 있습니다. 문화는 이런 이야
기의 영향을 받은 것이고요.[44]

　　신화는 언제나 '문화마다의 신화'입니다. 모든 문화에는 각기
고유한 신화가 있습니다. 앞서 제가 서구 신화의 품 안에서 발달
한 과학과 동양 신화의 세계에서 발달한 과학이 다른 길을 갈 수
밖에 없었다고 한 것과 같은 이치입니다. 달리 말하자면, 신화는
'특정 집단, 특정 사회'의 신화입니다. 특정 사회 속에 존재하는

44
조지프 캠벨 · 빌 모이어스 지음, 이윤기 옮김, 《신화의 힘》, 이끌리오, 2002.

사람들의 문화를 형성하는 특정한 이야기고, 그 사회 외부의 사람에게 그 신화는 '흥미로운 읽을거리'일 뿐이지 자신의 소명과는 별 관계가 없지요.

그러나 문화마다 각각 다른 신화가 있다고 해서, 모든 문화가 신화의 영향 아래 있음이 부정되지는 않습니다. 각각 다른 신화가 해당 문화 안에 살고 있는 사람들의 본질을 각각 규정하고 있습니다. 기업이라는 집단에서라면, 직원들은 자신이 어디로부터 비롯되었고, 자신의 업무를 둘러싼 모든 것들의 기원이 어디인지를 기업의 신화로부터 찾는 것입니다. '모든 인간은 이야기를 통해 세계를 인식한다'는 전제는 변하지 않기 때문입니다.[45]

그런데 말이죠, 신화학자들이 여러 문화권에 널려 있는 수많은 신화들을 살펴보니, 모양새가 유사하더란 말입니다! 이야기를 전개하는 방식이 그러하고, 이야기가 담고 있는 테마가 그러했죠. 조지프 캠벨의 말처럼 '이야기와 테마는 시공을 초월해 있습니다.' 그리하여 그 수많은 신화들에서 보편적인 이야기 구조와 테마를 뽑아낼 수 있게 된 것이지요. 인간의 의식 구조 역시 보편적이라는 결론을 유추해낼 수 있겠죠. 즉, 모든 인간은 세계를 이야기로써 인식하는데, 그 인식의 패턴이 어느 정도 일정하고 그 테마도 보편적입니다.

다시 경영과 관련된 문제로 돌아와 봅시다. 여기서 우리는 기

45

그러나 우리는 기업문화의 유형에 따라 신화가 미치는 힘의 특성을 구분하고 다시 유형화할 수 있습니다. 응집력이 강한 유형과 약한 유형에서는 창업 신화의 특성과 영향력이 달리 나타날 수밖에 없지만, 같은 유형 내에서는 비슷한 메시지를 전달하지요. 신화를 만들 때에도 어떤 기업문화 유형을 전략적으로 선택하여 고려해야 합니다.

업무화와 관련하여 아주 중요한 시사점을 뽑아낼 수 있습니다. 신화의 구조가 인류의 보편적인 인식 패턴이라면, 그 구조에 따라 이야기를 만들 때 사람들의 의식에 가장 쉽고 강하게 자리 잡을 것입니다. 그렇다면 기업의 신화를 만들 때에도 그 이야기 구조에 따르고 공통되는 테마를 심는 것이 가장 효과적이지 않을까요? 기업도 하나의 인간 집단인데, 모든 인간 집단에서 그 집단의 성원들은 신화적 사고를 한다고 전제한다면, 그 기업의 신화를 보편적인 이야기 구조와 공통되는 테마에 따라 만드는 것, 이것 역시 기업문화를 전략적으로 이용하는 방법 중 하나일 것입니다.[46] 자, 이제 우리는 종교학자 엘리아데와 함께하겠습니다. 위대한 종교학자의 입을 빌려, '기업의 신화학'이라 우리가 일컫고 있는 것에 적용 가능한 대표적인 이야기 구조를 간추려 보면 다음과 같습니다.[47]

우주 창조 신화 → 기원 신화 → 종말과 죽음의 신화 → 부활과 번영의 신화

---

[46]
사실 소설이나 영화에서도 이러한 신화의 구조를 많이 차용하고 있으며, 스토리텔링 마케팅 기법에서도 신화의 구조는 중요하게 다루어지고 있습니다.

[47]
레비스트로스의 신화학과 엘리아데의 신화학은 근본적인 차이가 있습니다. 엘리아데는 '모든 인간이 보편적으로 공유하는 어떤 성스러움에 대한 추구(칼 융Karl Jung의 '원형의 이미지' 개념)' 같은 것이 신화를 낳았다고 보는 반면, 레비스트로스는 '무질서를 참을 수 없는 존재인 인간이 집단생활을 위해 그렇게 만들 수밖에 없는 상징적 질서'로서 신화를 봅니다. 그리고 그것은 '무의식의 구조'에 따를 수밖에 없기 때문에 신화의 구조 역시 그러하다는 것이고요. 그러나 저의 관점은 '경영에서 쓸모 있느냐, 없느냐'에 있기 때문에, 저의 신화적 사고에 의해 양자의 장점을 취해서 잡다하게 기업문화 방법론에 '꿰어 맞추고자' 합니다. 생물학이건 물리학이건 공통된 구조면 다 갖다 쓰자는 것이죠. 어쩌면 저는 '기업의 신화학에 대한 신화'를 만들고 있는 것인지도 모르겠습니다. 그렇다면 중요한 것은, 논리가 되면 되는 것이고, 경영에 효과가 있어 존재 이유를 가지면 되는 것이겠죠. 그게 신화의 역할이니까요.

우주 창조 신화

    창조되지 않은 집단이란 있을 수 없습니다. 존재가 창조를 증명합니다. '지금 이 집단이 존재한다'는 사실 자체가 창조를 증명하고 있는 것입니다. 호모 사피엔스 사피엔스의 뇌는 언제나 자신의 기원을 묻기 마련입니다. 오이디푸스는 자신의 출생에 대한 의문을 풀기 위해 여행을 떠났고, 스타워즈의 루크 스카이워커 역시 자신의 아버지를 찾아 우주로 떠났습니다. 여러분 역시 지금도 스스로 기원을 묻고 있습니다. 그들의 물음에 대한 응답이 바로 우주 창조 신화입니다. 모든 '있음의 있음', '모든 존재의 기원이 있기 위한 장場'이 어떻게 생겨나게 되었는가에 대한 이야기가 또한 우주 창조 신화입니다. 기업으로 치자면, 창업 신화가 이에 해당합니다.

    많은 우주 창조 신화가 '금기의 위반'이라는 테마를 가집니다. 특히 근친상간의 테마는 세계 각지에서 널리 발견됩니다. 그리스의 가이아/우라노스모자, 크로노스/레아남매, 제우스/페르세포네부녀 신화가 그러하고, 일본 신화의 이자나기/이자나미남매도 그러합니다. 어쩌면 족외혼 제도를 가진 대부분의 인간 사회에서 근친상간이야말로 가장 큰 금기이기 때문일 것입니다. 그 금기를 위반하는 행동이 새로운 세계를 창조합니다. 예컨대, 일본 신화의 이자나기와 이자나미는 근친상간을 함으로써 새로운 국토를 낳습니다. 이집트 신화의 이시스와 오시리스도 남매간이었는데, 이들의 사랑은 이집트의 신이자 태양의 신 호루스를 낳습니다. 다시 말하면 '기존 질서를 위반하여 세상에 무언가 새로운 것을 내놓으려고 하는 어떤 힘'으로부터 세계는 창조됩니다.

기업의 창업 신화도 '금기의 위반'이라는 테마가 출발점입니다. 전략적으로 바꿔 말하자면, '기존에 존재하지 않던 무언가 새로운 시도를 통해 세상을 바꾸고자 하는 열정'이 창업의 이유가 되도록 신화를 '만들어야지' 사람들의 신화적 사고에 작용한다고 할 수 있습니다. 애플은 '대형 컴퓨터가 지배하던 시장 질서를 소형 컴퓨터의 질서로 바꾸고자 하는 열정'이 창업 신화의 지배적인 테마가 되었기에 현재에도 사람들이 그렇게 일하고 있는 것이고, 뉴발란스는 '신발은 사람들의 발의 균형을 찾아주어야 한다'는 신념이 100년 넘게 사업을 지탱해오고 있으며, 바디숍은 '기존의 화학 화장품이 지배하던 시장을 제3세계 원주민들로부터 직접 가져온 친환경 자연 화장품으로 바꾸자는 열정'이 창업 신화의 핵심이기에 지금도 그에 기반을 둔 사업을 전개하고 있는 것입니다.

우주 창조 신화에서 또 하나의 중요한 테마는 '우주나무cosmic

tree' 혹은 '세계축axis mundi'입니다. 달리 말하면 '중심 상징'입니다. 세계의 다양한 문화권의 신화를 보면 이런 세계축을 중심으로 우주와 인간이 창조되었다고 묘사하고 있습니다. 예컨대, 근친상간의 금기를 위반한 이자나기와 이자나미는 새로운 국토를 낳게 되는데, 이 두 신은 그 섬에 내려와 아메노미하시라라는 기둥을 세웁니다.[48] 이 기둥은 일본 국토의 축이 됩니다.

이 세계축이라는 테마도 기업의 신화에서 응용할 수 있습니다. 아모레퍼시픽전 태평양의 신화에서 세계축의 테마는, 기나긴 순례를 마치고 돌아온 창업자가 기존의 간판을 떼고 '태평양'이라는 이름의 간판을 새로 달면서 창업을 선언한 대목으로 나타납니다. 애플에서는 '금단의 열매사과'의 의미를 갖는 애플이라는 이름과 한입 베어 문 사과 로고의 상징이 이에 해당한다고 할 수 있습니다. 뉴발란스의 경우는 회사 이름 자체가 중심 상징이라고 할 수 있죠. 사람들은 그 세계축으로부터 창업의 근본적인 이유를 상징적으로 받아들이게 되는 거죠.

또 하나의 테마로 세계 신화에서 자주 등장하는 것은 '숨은 신 Deus Otiosus'입니다. 보통 우주의 창조를 완수하여 자신의 몫을 다한 후 '사라지는' 또는 '숨은' 천신天神의 형태로 나타납니다. 이후의 보다 전문적이고 기능적인 신들이 그 사라진 신의 과업을 완수합니다.[49] 이 역시 기업의 신화에서 여러 형태로 응용이 가

48
일본 신화에 대한 개론서로는 《아마테라스에서 모노노케 히메까지 – 종교로 읽는 일본인의 마음》(박규태, 책세상, 2001)을 추천합니다.

49
미르치아 엘리아데 지음, 이은봉 옮김, 《신화와 현실》, 성균관대학교 출판부, 1985, 119쪽.

능합니다만, 경영의 측면에서 보자면 금기의 위반이나 세계축 테마보다는 영향력이 약해 보입니다. 다만 기존 시장에는 없던 새로운 것을 세상에 내놓고자 금기의 위반 창업을 상징적으로 선언 세계축 하기 전에, 그 기반이 되는 창업 전의 사건이 있는지 찾아볼 때면 발견될 확률이 높습니다. 신화를 변형하거나 만드는 입장에서도 필요하다면 창업 전의 역사를 '숨은 신'의 테마를 활용하여 만들 수가 있겠죠. 아모레퍼시픽은 창업 전에 가업의 기초를 닦은 한 여인이라는 '숨은 신'이 있었습니다. IBM 역시 토마스 왓슨이 세 회사를 합병하여 창업을 하기 전의 이야기가 이 '숨은 신' 테마에 해당합니다.[50]

기원 신화

———

　앞서 얘기한 바와 같이, 신화는 '모든 것'의 기원에 대한 이야기입니다. 그렇다면 기원 신화 역시 여러 개가 있을 수 있습니다. '모든 것'의 수만큼 기원 신화가 있을 테니까요. 좀 더 구체적으로 얘기해볼까요? 계열사, 사업부, 건물, 브랜드, 팀, 판매조직, 혹은 어떤 혁신적인 행위, 영웅적인 도전 등등이 모두 기원

50
IBM의 기업문화 진화 과정은 졸저《기업문화 오디세이 1 – 기업의 인류학에 관한 친절한 강의》
(신상원, 눌와, 2009, 150~155쪽)를 참고하시기 바랍니다. .

146

신화를 가질 수 있습니다. 현존하는 모든 것은 (경영전략상 필요하다면) 기원 신화의 대상이 될 수 있습니다. 그 모두가 '왜 탄생했는지, 왜 존재하는지'에 대한 이야기를 가지고, 그래야지 구성원들이 가진 신화적 사고에 부합할 수 있는 것이죠.

기원 신화도 일종의 창조 신화이기에 기본적으로 우주 창조 신화와 같이 '금기의 위반'이라는 테마를 갖습니다. 예컨대, 영업 조직의 기원에 관한 신화라면, 기존에 존재하지 않던 어떤 특별한 영업 방식을 추구하기 위해 그 조직이 만들어졌다는 테마를 갖는 것이죠. 브랜드의 이야기라면 역시 기존에 존재하던 시장의 수많은 브랜드들의 질서를 어떻게 바꾸기 위해 그 브랜드가 탄생했는지에 대한 이야기일 것이고요.

하지만 기원 신화의 대상이 되는 수많은 것들도, '세계가 이미 있어야만' 존재할 수 있겠죠. 그러므로 우주 창조 신화는 기원 신화에 언제나 선행하며 기원 신화는 우주 창조 신화의 연장선상에 있어야만 합니다.51 많은 신화가 맨 먼저 우주 창조를 얘기하고 난 후에 모든 사물의 기원을 얘기하는 이유가 여기에 있습니다. 기원 신화는 창조 신화의 요약으로 시작합니다. 신화는 으레 창조 신화의 중요한 순간을 간략히 요약하고 이어서 왕실 연대기, 부족의 역사, 병이나 약의 기원 등에 대한 이야기로 진행됩니다. 이 모든 경우에서 기원 신화는 우주 창조 신화를 계승,

---

51
"동물, 식물, 제도 등 모든 새로운 출현은 세계의 존재를 함축적으로 의미한다. 사물의 다른 상태로부터 출발하여 어떻게 현재에 이르렀는지를 설명하는 문제일 때에도(예를 들면 어떻게 하늘이 땅으로부터 분리되었는지, 어떻게 인간이 죽을 운명을 갖게 되었는지), '세계'는 이미 있었다." 미르치아 엘리아데 지음, 이은봉 옮김, 《신화와 현실》, 성균관대학교 출판부, 1985, 21쪽.

완성시키고 있습니다.[52] 기업에서도 다양한 기원 신화가 있겠지만, 창업 신화가 언제나 선행되어야 합니다. 즉, 창업 신화의 핵심 주제에 관한 이야기를 미리 언급하고 나서 이후 어떤 기원 신화로 이어지는 것이죠. 물론 창업 신화의 중심이 되는 주제를 그 기원 신화들이 배반하면 안 됩니다. 마치 물리학에서 가장 근본적인 전제가 되는 방정식, 즉 불확정성 원리나 상대성 원리에 다른 방정식이 위배되면 안 되는 것과 마찬가지죠.

예를 들어봅니다. 창업 신화 속에 '동식물을 공산품으로만 취급하던 기존 식품 시장의 질서를 바꾸기 위해 친환경적인 유기농 자연 공법으로만 기른 식품을 공급한다'는 핵심적인 메시지를 담고 있는 기업이 있다고 해봅시다. 바로 미국을 대표하는 홀푸드마켓이죠.[53] '금기의 위반'이라는 테마를 강하게 담고 있네요. 이 회사는 초기에는 자연 식품을 생산하여 공급하는 사업만 해오다가 나중에는 유통업에도 뛰어들어야겠다는 생각을 합니다. 이후 슈퍼마켓 체인점 형태의 유통 사업을 합니다. 여기에서 어떤 기원 신화가 될 이야기가 만들어질 수 있는 것이죠.

'우리의 철학을 담은 유기농 식품을 고객의 손에 전달하는 여러 유통 과정에서는 우리 식품의 혜택을 많은 사람들이 값싸게 누리지 못하고 있었다. 우리는 우리 식품만을 취급하는 체인점을 가짐으로써 유통 마진을 줄여 유기농 식품을 비싸지 않은 가

52
앞의 책, 50쪽.

53
홀푸드의 경영에 관해서는 《경영의 미래》(게리 해멀 · 빌 브린 지음, 권영설 옮김, 세종서적, 2009, 85~99쪽)를 읽어보시면 많은 도움이 될 것입니다.

격으로 모두가 즐길 수 있게 하겠다.'

　이러한 메시지를 담은 이야기가 되는 것이죠. 우주 창조 신화인 창업 신화의 메시지를 계승하면서, 유통 사업의 기원 신화가 만들어진 것입니다. 그럼으로써 그 사업은 정당성을 얻게 되고 사람들은 신화의 주인공이 되어 기꺼이 움직입니다. 창립자인 존 매케이John Mackey가 텍사스주 오스틴에 홀푸드 내추럴마켓을 오픈하는 사건으로부터 비롯되는 창업 신화에는, 현재 3만 명이 넘는 홀푸드의 직원들을 하나로 묶어주는 메시지가 담겨 있습니다. 바로 세계 식품 공급의 산업화에 반대하며 보다 좋은 먹을거리를 사람들에게 제공한다는 것입니다. 이 창업 신화로부터 수많은 기원 신화가 만들어질 수 있습니다. 예컨대, 자체 해산물 처리 공장 설립의 이야기, 회사 에너지원을 풍력 발전소에서 구입하는 이야기 등등.

　앞으로 다른 기업들의 사례를 살펴보면서 창업 신화와 기원 신화와의 관계에 대한 얘기를 좀 더 하기로 하고, 이제는 '창조된 존재의 숙명'이라고 할 수 있는 '존재의 소멸'에 관한 신화를 보도록 합시다. 인간은 언제나 삶과 죽음, 시작과 끝을 사고할 수밖에 없는 존재일 터, 인간의 신화적 사고가 종말과 소멸의 이야기를 놓칠 리 없겠죠. 죽음에 대한 생각을 안 하는 사람은 없다는 말입니다. 기업의 신화 역시 그러합니다.

종말과 죽음의 신화

—

1장에서 보았듯이 인간의 무의식이 문화를 만들었습니다. 그 것은 집단을 이루어 살 수밖에 없는 인류가 공동의 생활_{서로 간의} _{교환/교류에 기반을 둔 삶의 형태}을 위해 만들어낸 일종의 '상징적 질서'라 고 하였습니다. 그렇다면 문화적 존재인 인간에게 가장 두려운 것이 바로 '설명할 수 없는 상태', 즉 무질서의 상태일 것입니다. 무질서, 카오스, 혼돈…… 그것은 문화 이전의 상태죠. 그것은 집 단을 이루어 살 수 없게 만드는 어떤 사건이므로 집단 전체의 상 징적 죽음, 즉 종말이라고 할 수 있습니다.

한 집단의 문화를 이루는 가장 심층에 있는 것이 바로 신화임 을 고려한다면, 대부분의 신화가 '카오스의 도래와 카오스의 살 해'라는 테마를 가질 수밖에 없음은 어찌 보면 당연합니다. 죽음 이 아마도 가장 대표적인 '카오스의 침범'이라고 할 수 있을 텐 데요, 카오스는 '공동체의 죽음'인 것이죠. 모든 문화권은 이를 '신화적으로', 그리고 '의례적으로' 처리하는 문화적 메커니즘이 있습니다.

종말과 죽음의 신화에서는 '인간의 타락과 신의 징벌'이라는 테마가, 부활의 신화에서는 '계시의 되찾음과 영웅적 행위'의 테마가 핵심입니다. 예컨대, 인간은 신의 계시를 잊어버리고 무모하게 신에 도전하기 위해 바벨탑을 쌓았습니다. 그러나 신은 그들을 벌하여 혼돈-카오스의 세계에 빠뜨립니다. 혹은 타락에 빠진 세상을 신은 홍수로 벌하기도 했지요. 그러나 노아 같은 영웅이 있어 신의 뜻을 충실히 따라 다시 새로운 세상을 열었습니다.

'세상이 타락하여 신이 홍수로 인간을 징벌한다'는 주제의 홍수 신화는 근동 지방의 구약성서뿐 아니라, 메소포타미아, 수메르, 중국 등 세계 도처에서 찾아볼 수 있습니다. 많은 신화에서 홍수는 초자연적 존재자의 분노를 야기하는 인간의 잘못과 관련하여 일어납니다. 인류의 죄가 세계의 퇴폐를 가져왔고, 이로 인해 인류는 멸망하지만, 그 멸망은 새로운 갱생을 위한 하나의 과정이죠. 결국, 창조 신화의 완성을 위하여 타락한 세계를 갱신하는 것이 홍수 신화를 비롯한 여러 종말 신화의 주된 테마입니다.[54]

기업도 마찬가지입니다. 과거의 어느 때에 구성원의 '타락'으로 전체 집단의 질서를 무너뜨리는 카오스적인 사건이 출현하여 붕괴를 맞게 되었고, 이를 극복함으로써 새로운 질서를 이룰 수 있었다는 이야기가 으레 기업의 숨겨진 신화 안에 담겨 있습니다. 이를 '신화의 경영전략적 응용'이라는 측면에서 다시 고쳐 얘기해본다면, 우리는 카오스적인 사건의 극복 이야기를 '신화로 만듦으로써' 현재의 질서를 정당화할 수 있고 미래의 비전

54
미르치아 엘리아데 지음, 이은봉 옮김, 《신화와 현실》, 성균관대학교 출판부, 1985, 70쪽.

을 제시할 수 있는 것입니다. 그리고 신화는 재연되고 무한하게 반복된다는 특성을 고려한다면, '신의 징벌'예컨대 고객과 시장의 외면을 낳은 '인간의 타락'예컨대 자만심, 비윤리, 관료주의, 소명의 상실은 기업 전체의 강한 금기로 존재하고 있다고 할 수 있으며, 마찬가지로 카오스를 살해하고 질서를 수립했던 행동방식예컨대 혁신, 도전, 열정은 강한 의무 사항으로 담겨 있는 것이죠. 문화란 집단의 생존을 위해 존재합니다. 그렇다면 그 문화 자체를 붕괴시키는 행위는 절대로 해서 안 되는 무서운 일이 됩니다. 역으로 그러한 붕괴를 극복한 행위는 가장 영웅적인 모범이 될 수밖에 없지 않겠습니까? 기업의 신화 안에 그 내용이 전략적으로 살아 있으면 됩니다.

그러므로 종말 신화는 사실 '부활과 번영의 신화'라 할 수 있습니다. 죽음은 언제나 새로운 탄생을 위해서만 존재하니까요. 죽음=삶. A=not A.

부활과 번영의 신화

———

신화 속에서 죽음은 언제나 '부활을 위한 죽음'입니다. 그러므로 신화 속에서 예수는 부활할 수밖에 없는 존재였습니다. 많은 신화에서 영웅은 저승 세계로 여행을 떠납니다. 이 여행은 죽음으로 떠나는 여행이자 생명을 구하기 위한 여행입니다. 그리스 신화에 나오는 오르페우스는 죽은 아내를 찾아 하데스가 지배하는 저승 세계로 내려가고, 이집트의 이시스는 온갖 모험 끝에 남편 오시리스의 시신을 찾아내어 부활시켜 마침내 저승 세계의 왕으로 만듭니다. 한국의 바리데기 역시 저승 세계로 떠나 영약을 구해 와 아버지의 생명을 구합니다. 일본의 이자나기 또한 저승 세계에 다녀옵니다. 저승에서 돌아와 눈을 씻자[55] 태양신 아마테라스가 태어납니다.

이야기를 만드는 신화적 사고는 '종말과 죽음의 신화' 뒤에 부활의 신화를 붙이려고 하는 특성이 있습니다. 그리고 부활은 곧 번영으로 이어집니다. 번영을 위해서가 아니라면 굳이 힘들게 부활할 필요가 없지요. 방금 보았듯이 여기에는 '저승 세계로의 하강과 새 생명'이라는 테마가 주로 자리합니다. '기업 전체의 종말에 가까운 시기가 있었고 이를 극복하는 여러 영웅적 행위를 통해 미래의 비전을 달성해간다'는 어쩌면 뻔한, 그러나 마음으로 스며드는 테마.

주목할 점은, 부활과 번영의 신화에 이르러 기업의 비전이 담길 수 있다는 겁니다. 기억하시나요? 신화가 계시하는 것으로서 소명을 살펴볼 때 비전을 아울러 살펴보았죠. 비전은 '기업의 의

55
이 신화의 바로 앞에는 저승 세계에서 나올 때 '절대 뒤돌아보지 말라'는 금기를 위반한 이야기가 나옵니다. 즉, '눈'이 금기를 위반한 것이고, 그 눈을 씻자 일본을 상징하는 태양신인 아마테라스가 태어났다는 거죠. 우리가 앞에서 보았던 '금기의 위반 → 새로운 창조'의 테마는 여기에서도 공식처럼 예외 없이 적용됩니다.

식'인 경영활동의 영역에 속하면서도 기업문화에 지대한 영향을 미치기 때문입니다. 인간의 신화적 사고가 부활과 번영의 이야기를 불러오기 마련이고, 부활과 번영의 신화는 또한 비전을 담으려 하기 때문입니다. 또한 비전은 모든 걸 환원하려는 경영활동의 영역이면서도 강한 상징성을 갖고 있기 때문이기도 하죠. 인간의 신화적 사고에 상징이라는 특성이 있으니까요.

기업의 신화 만들기 : 구조와 테마의 이중주
—

신화의 이야기 구조 안에 담긴 주요 테마들을 따로 정리해보죠. 신화를 분석할 때와 신화를 만들 때에 주요 구조 안에서 적절하게 활용하기 위해서입니다.[56] 기업의 신화를 변환한 후 이를 이야기로 만들 때에는 1)먼저 신화의 내러티브 구조를 고려하고, 2)이후 각 구조에 적절한 테마를 심으면 됩니다. 구조와 테마의 이중주를 연주하는 거죠. 우주 창조 신화, 기원 신화, 종말과 죽음의 신화, 부활과 번영의 신화에서 나타난 주요한 테마를 정리해볼까요?

56
물론 우리가 《기업문화 오디세이 1》에서 다루었듯이 '기업문화의 유형'을 전략적으로 선택하는 것이 선행되어야 합니다. 기업문화의 유형에 따라 신화가 조금씩 다르게 만들어질 테니까요. 예컨대, 정복자형 공동체의 신화라면 보다 강한 소명의 공유가 주된 목적이 되어야 할 것이고, 제국주의 시스템을 만들고자 한다면 이윤 추구가 가장 근본에 자리 잡도록 이야기를 만들어야 할 것입니다. 그러나 이처럼 기업문화의 유형 전략에 따라 신화가 달라진다고 하더라도 기본적인 구조와 모티프는 같습니다. 달리 구조주의가 아닌 것입니다.

신화의 주요 테마

- 금기의 위반과 새로운 탄생
- 범우주의 창조 후 '숨은 신'
- 여행과 깨달음
- 세계축, 중심 상징
- 인간의 타락
- 저승 세계로의 하강과 새 생명
- 카오스의 살해
- 낙원의 도래

　'새의 눈'을 가지고 날아다니던 우리는 저 높은 곳에서 조망함으로써 신화의 보편적 이야기 구조와 테마를 보았습니다. 그러나 이 새는 '기업의 신화학'을 찾아 여행을 하고 있기에 언제나 '경영에서 어떻게 이를 활용할까'를 잊지 않고 있습니다. 이제 새는 두더지로 '변신'합니다. 구조의 안으로 발로 파고 들어가 그 비밀을 파헤쳐보는 겁니다. 기업문화의 모든 작업은 '새와 두더지'의 그것과 같습니다. 새의 눈과 두더지의 발은 이제 한 기업의 신화를 조망하고자 합니다. 저와 모든 경영진이 함께 작업했던 (주)아모레퍼시픽의 신화[57]는, 회사의 역사와 삶이 그러했듯이, 이야기 구조와 테마의 이중주를 잘 들려주고 있습니다. 일

---

[57]
《AMOREPACIFIC WAY, MY WAY》(아모레퍼시픽 기업문화팀 편찬, 아모레퍼시픽, 2009)에서 본 내용을 가져왔습니다. 이 신화는 몇 차례에 걸쳐 진행된 경영진과의 워크숍을 통해 도출된 것입니다. 문체는 별로 중요하지 않습니다. 사람들의 머릿속에 들어가기 위한 장치일 뿐이죠. 중요한 것은 신화의 구조와 테마입니다.

단 한 번 들어보시고, 좀 더 얘길 나누어볼까요?

The Story of Asian Beauty Creator[58]

동백과 여인

동백을 닮은 여인이 있었습니다.

암울한 식민지 시절, 동백이 질 때면 사람들은 고통스런 삶을 보는 듯하여 눈물을 떨구곤 했지만,

여인은 동백으로부터 눈물 대신 머릿기름을 짜냈습니다.

여성이 제 아름다움을 드러내놓기 어렵던 그 시절, 여인네들을 아리땁게 하는 일을 평생의 가업으로 삼은 당찬 여인이었습니다.

인삼으로 유명한 개성 지방이었죠. 가난과 억압이 생활이 되어버린 시대였지만, 강인하면서도 인자했던 여인의 가게에는 손님과 판매상, 그리고 일꾼 들이 한 가족처럼 자유롭게 드나들며 이야기꽃을 피우곤 했습니다.

그 안을 분주하게 누비던 한 소년의 모습이 보입니다.

청년이 된 소년

소년은 어느덧 청년이 되었습니다.

아름다움을 만들어 판다는 것이 무엇인지를 여인으로부터 하나하나 배워 갔습니다.

가게는 그의 땀으로 날로 번창해갔습니다.

여인의 꿈이 청년에 의해 차차 현실이 되어가나 싶었는데, 그만 그는 징용을 당해 만주 지방으로 끌려가게 되었습니다.

전쟁이 끝났으나, 그는 돌아오지 않습니다.

순례와 깨달음, 그리고 '태평양'의 탄생

더 넓은 세상을 본 자가 같은 크기의 꿈을 꿀 수는 없었습니다.

중국의 중심까지 도달했지만, 그는 한 발 더 나아갔습니다.

그는 몇 개월에 걸쳐 중국 전역을 여행하며 아시아의 문물과 서구의 그것이 활발히 교류하는 모습을 봅니다.

그리고, 어떤 깨달음을 얻습니다.

마침내 여행에서 돌아온 그는,

'태평양'이라는 회사를 차립니다.

그 이름 안에는,

아시아의 아름다움을 태평양 너머에서까지 꽃피우겠다는 소명이 담겨 있었습니다.

한국전쟁과 ABC

한국전쟁의 포화도 그의 꿈을 꺾지는 못했습니다.

진흙 속에서 연꽃이 피듯 절망의 한가운데 희망이 피어났고,

그것은 새로운 도약의 기회가 되었습니다.

여인의 동백기름은 청년의 손에서 식물성 포마드로 다시 태어났습니다.

ABC 포마드, 그것은 혁신이었습니다.

자연을 제 안에 담은 품질과 디자인으로,

전쟁으로 신음하던 사람들에게 꿈과 낭만을 주던 ABC 화장품은,

미美의 새로운 영역을 제시하며 수많은 고객의 사랑을 받습니다.

청년, 바다를 건너가다

청년은 이제 바다를 건너갑니다. 대륙을 넘어갑니다.

한국 화장품 업계 최초로, 서양 미의 본고장 프랑스 방문길에 올랐습니다.

세계 유수의 기업과 생산지를, 마치 순례자처럼 둘러본 그는,

자신의 소명을 더욱 절실히 가슴에 새겼습니다.

아시아만이 할 수 있는 아름다움을 창조하여 새로운 미의 세계를 펼쳐 보이겠다는…….

순례를 마치고 돌아온 그는 이미 다른 사람이었습니다.

공장을 짓고, 기술 제휴로 탄생한 새로운 제품을 시장에 선보이고,

아시아의 자연이 갖고 있는 약용 물질을 활용한 기술 개발에 매진했습니다.

고객의 곁, 방문판매

그러나 세계를 향한 꿈은 바로 옆에 있는 고객으로부터 시작함을 잊지 않

았습니다.

여염집 아낙들의 방 안에서 도란도란 동백기름을 팔았듯이,

언제나 고객과 가장 가까운 자리에서 출발했습니다.

이러한 정신은 방문판매로 구현되었습니다.

모든 직원들은 고객의 숨소리를 들을 수 있는 자리에 있었습니다.

여성들은 자신의 가장 사적인 공간을 열어주며, 그들을 맞이했습니다.

후에 아모레 카운셀러라 불리게 된 이들 방문판매원들은,

새로운 미의 전령이었던 동시에,

전쟁 후 여성의 사회적, 경제적 지위를 향상시킨 주역이기도 했습니다.

최초, 최고……

최초, 최초, 최초……

그리고 최고, 최고, 최고……

최초와 최고를 향한 도전은 계속되었습니다.

잊힌 소명, 그리고 위기

여성들이 나이를 먹어가듯 세월은 흐르고 또 흘렀습니다.

회사는 어느덧 굴지의 대기업으로 성장했고,

사람들 머릿속에서 여인과 청년이 품었던 뜻은 이제 서서히 잊혀갔습니다.

고객의 자리에 윗사람이, 소명과 꿈 대신에 명령과 지시가 비대한 몸뚱이

에 자리 잡았습니다.

살은 점점 더 불어나, 마침내 귀와 눈마저 덮어버렸습니다.

결국 대규모 파업이 일어났고, 회사는 무너지기 직전까지 다다랐습니다.

세계 속에 새로운 미의 세상을 펼쳐 보이겠다는 꿈도 희미한 촛불처럼 꺼져갔습니다.

다시 일어선 사람들

짙은 어둠일수록 작은 촛불의 빛이 더욱 소중한 법입니다.

가녀린 불씨를 두 손으로 감싸고 다시 일어선 사람들이 있었습니다.

그들은 제 뼈를 깎고 살을 도려내는 심정으로 혁신을 단행했습니다.

주저앉을 수는 없었습니다.

꼭 이루어야 할 소명이 있었기 때문입니다.

혁신, 또 혁신

아름다움과 건강을 창조하는 것 이외의 사업은 모두 정리했습니다.

벽을 허물고 다시 맨발로 고객을 찾아갔습니다.

고객에 대한 무한책임을 약속했습니다.

인류에 봉사하고, 서로를 존중하면서, 미래를 창조해가자며

모두의 마음을 열었습니다.

마음을 활짝 여니 혁신적인 제품들이 다시 쏟아져 나왔고,

고객은 전보다 더 크고 깊은 사랑을 주었습니다.

저 멀리 프랑스 땅에서도 고객의 탄성이 들려왔습니다.

중국 대륙에서도 고객의 찬사가 이어졌습니다.

길은 이제 시작일 뿐

동백을 닮은 여인과 세계를 품은 청년의 꿈을 담아,

이제야 진정한 Asian Beauty를 세계 속에 선보일 때가 온 것 같았습니다.

그러나 길은 이제 시작일 뿐이라 생각하는 사람들이 있습니다.

이들은 결코 자만하지 않습니다.

언제나 고객의 곁에서,

마음을 열고,

서로를 신뢰하며,

항상 새로운 것에 도전하며

자신을 바꿔나가는 사람들입니다.

이들의 이름이 바로 AMOREPACIFIC입니다.

이들은 이제 세계 속에서

Asian Beauty Creator로 기억될 것입니다.

물론 이 신화는 변환을 거쳐 단순화한 신화입니다. 경영전략을 철저하게 고려하여 기업문화 전략을 결정하고 로드맵을 만든

후에, 전 경영진이 동참한 변화 과정을 진행했는데 그 와중에 나온 산물이죠. 신화의 변환은 앞에서 말했던 이론에 의해 이루어졌고요. 즉, '매개자의 역할 비틀기'였습니다. 그러기 위해 당연히, 기존 신화를 분석하여 세계를 해석하는 두 개의 대립항을 찾아냈고, 제3의 매개항의 역할을 분석해냈죠. 그 세세한 변환 과정은 다음 책에서 얘기할 기회를 갖기로 하고, 여기서는 새롭게 변환된 신화만 놓고 보도록 하겠습니다. 이 장에서는 '신화의 내러티브 구조와 테마를 어떻게 담을 것인가'가 주된 목적이니까요. 다음의 그림처럼 분석됩니다.

어때요? 이 단순한 그림만 보고도 아름다운 목소리와 극적인 음악이 함께 들리면, 여러분은 이미 기업의 신화학자입니다.

| 신화 | 서구의 미 vs 동양의 미
매개자 : 한 청년
(매개자는 이후 '촛불을 든 사람들'로 변함) |

↓

| 소명 | "우리만이 할 수 있는 아름다움(Asian Beauty)의
세상을 세계인에게 선사한다." |

↓

| 문화 코드 | 개방 │ 혁신 │ 친밀 │ 정직 │ 도전 |

이야기 구조	주요 내용	테마
우주 창조 신화	동백을 닮은 여인과 한 소년	금기의 위반
		숨은 신
기원 신화	청년이 된 소년	여행과 깨달음
	창업의 선언	금기의 위반
		세계축
종말과 죽음의 신화	성장과 번영	인간의 타락
	소명을 잃어버린 사람들	저승 세계로의 하강
	다시 찾은 소명과 경영 혁신	카오스의 살해
부활과 번영의 신화	Asian Beauty Creator의 길	낙원의 도래

163

매트릭스는
기업문화의
토템

아시나요? 1권에서 지금까지 저는 '매트릭스'라는 이름의 토템을 만들어왔다는 사실을!
보실까요?

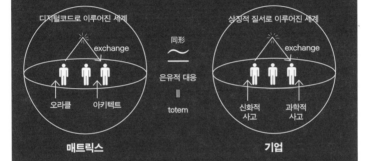

<매트릭스>의 감독인 워쇼스키 형제는 매트릭스라는 하나의 세계를 만들었습니다. 그러나 이것은 순수한 의미의 '창조' 작업은 아니었습니다. 즉, 매트릭스는 인류의 사회, 문화에 대한 '은유'에 다름 아닙니다. 그리고 저는 매트릭스에 기업문화를 다시 비유함으로써 '기업문화

오디세이'라는 또 하나의 새로운 세계를 만들고 있습니다. 오라클=신화적 사고, 아키텍트 = 과학적 사고, 디지털코드 = 상징적 질서(기업의 신화와 소명, 문화 코드)……. 이런 식으로 말이죠.

인간이 가진 능력, 정확히 말하자면 언어를 쓰는 인간이 세계를 해석하기 위해 진화할 수밖에 없었던 능력인 '비유의 힘'이 탄생시킨 것이 바로 토템입니다. 인류학의 발견에 의하면, 아주 오래고 오랜 세월 동안 인간은 비유를 통해 토템을 만들어 세계를 해석했으며 자신들만의 고유한 문화를 만들었습니다. '곰 토템'은 '호랑이 토템'과 분명히 구분되는 정체성을 가지지 않습니까? 그런데 과연 현대인의 뇌에서는 이 비유 능력이 사라졌을까요? 그럴 리 없겠죠. 토템은 여전히 자신을 둘러싼 세계를 이해하고 한 집단의 정체성과 응집력을 만들어주는 강력한 도구입니다. 말하자면 매트릭스 토템 덕에 우리의 기업문화에 대한 여행이 계속될 수 있는 것처럼! 자, 기업 안에서 토템을 만들고 활용하는 일이 과연 가능할까요? 매트릭스에 네오가 있듯이, 여러분 회사의 토템에는 과연 누가 자리할 수 있을까요?

4

기 업
의

토 템

어느 순간부터 우리는 줄곧 '신화적 사고와 과학적 사고'라는 인간 사고의 두 측면을 따라 계속 오디세이를 해나가고 있습니다. 그 여행이 또 하나 거쳐야 할 역이 바로 '토템'입니다. 토템은 자신을 둘러싼 세계를 더 잘 해석하기 위해 신화적 사고가 작동한 결과물이니까요. 인간이 신화적 사고를 할 수밖에 없는 존재라면 토템은 생겨날 수밖에 없습니다. 그러나 이 역에 너무 오래 깊숙이 머물지는 맙시다. 사실, 토템의 분류 체계를 하나하나 따져보는 것은 신화적 사고의 본질을 밝히는 데 대단히 중요한 작업이긴 하지만, 그것은 말 그대로 진짜 구조주의 인류학의 몫이기 때문입니다. '기업의 인류학, 기업의 신화학'을 하는 우리들에게 필요한 질문은 '토템을 왜 응용해야 하는가', '어떻게 응용할 것인가'입니다.

세상을 설명하는 도구, 토템

—

아마도 중학교 때쯤으로 기억합니다. 단군신화에서 쑥과 마늘을 먹던 곰과 호랑이 신화를 '토템'과 결부시켜서 설명한 선생님이 혹시 있었나요? 제겐 있습니다. 선생님은 "아마도 당시에 곰 토템 부족과 호랑이 토템 부족이 있었는데, 전쟁에서 곰 토템 부족이 승리한 것을 신화적으로 표현한 것이다. 뭐 어떤 증거도 없지만 말이다"라고 하셨습니다. 선생님의 설명에 따르면 어떤 씨족 혹은 부족 사회의 '이름'이 바로 토템이었던 것이죠. 일단 중학교 때 선생님의 말씀을 따르기로 합시다. 인류의 '비문명 사회' 어디에서나 이처럼 어떤 동물이나 식물, 혹은 어떤 원소나 개체 등으로 자신의 사회를 표현한다는 사실을 인류학자들은 발견했고, 그것을 '토템'이라 하였습니다.

그러나 이에 대한 해석은 각기 달랐습니다. 예컨대, 곰 토템을 놓고 어떤 학자들은 이렇게 말합니다. 그들의 사고는 미개했기 때문에 곰이 그들의 신앙과 숭배의 대상이 되었다고요. 또 어떤 학자는 그 부족이 곰으로부터 털과 가죽을 얻는 등의 경제적 혜택을 입기 때문이라 하였고, 또 어떤 학자들은 그들이 스스로를 곰의 후손이라고 생각하기 때문이라고 주장했습니다. 다 나름 일리가 있습니다만, 무언가 부족합니다. 우리가 기업문화를 어떤 가치관이나 HR의 문제로 환원했을 때 보았던 문제점과 어쩐지 비슷합니다.

기업문화를 분석하는 방법론으로서 계속 벗하고 있는 사람, 레비스트로스의 생각은 이와 달랐습니다. 그는 말합니다. "토테미즘은 신화적 사고의 산물이다!" 우리는 앞에서 신화적 사고는

'무질서를 참을 수 없는 존재로서의 인간'이 필연적으로 가질 수밖에 없는 사고라고 했습니다. 또한 언어를 사용할 수밖에 없는 존재인 인간이 가질 수밖에 없는 사고 형식이라고 했습니다. 그리하여 인간은 자신을 둘러싼 모든 현상을 '논리적'으로 분류할 수밖에 없고, 그 분류를 위한 개념적 도구가 바로 토템이라는 것입니다.

레비스트로스에 의하면, 그 어떤 '미개' 사회라도 고도의 분류 체계를 가지지 않은 사회는 없습니다. 그리고 어떤 동물이나 식물 등의 토템을 '이용해' 분류합니다. 토템 동식물을 이용해 사회의 계급 제도를 분류하고, 계절과 방위를 나누고, 남자와 여자를 나누고, 가족 제도를 나누고……. 정말 놀랍도록 미학적인 것은,[59] 그 이용 방식이 바로 그 양자의 유사성에 기반을 둔 '은유'라는 것이죠. 토템은 기본적으로 은유적 사고이자 시적인 사고의 산물입니다.

이렇게 보면 토템 동물과 그 사회의 직접적이고 필연적인 인과 관계는 없다는 얘기가 되어버립니다. 곰 부족이 꼭 곰 부족이어야 할 '기능적이거나 종교적으로 필연적인 이유는 없다'는 것이죠. 그냥 은유일 뿐이니까요.[60] 그러나 '은유일 뿐'이기 때문에 오히려 절대적인 힘을 갖습니다. 왜냐하면 인간 사고의 한 축인 신화적 사고가 그렇게 이루어지니까요. 인간은 그리하여 은유를

59
실제로 레비스트로스는 "인문과학의 궁극적 목적은 인간을 구성하는 것이 아니고 인간을 용해하는 것이라고 믿기 때문에 심미주의자라고 불리는 것을 기꺼이 받아들"였습니다. 클로드 레비스트로스 지음, 안정남 옮김, 《야생의 사고》, 한길사, 1999, 354쪽.

60
농경과 목축 사회에서 '개 토템', '소 토템'이 없는 이유가 여기에 해당합니다. 그 동물의 체계와 그 동물과 다른 자연이 맺고 있는 관계, 그 동물 종에서의 위치 등이 전부 은유의 대상인데, 개나 소는 인간 사회에 비유하기가 적당하지 않았던 것이죠. "우리 부족은 가축이야." 이러기는 좀 그렇지 않겠습니까?

통해 세상의 모든 현상을 해석하고 받아들이니까요.[61] 어떤 토템 생물체가 자연 속에서 하나의 종으로서 위치해 있는 것을 은유하여 인간은 자신들을 전체 사회 속에서 위치시키고, 그 토템 생물체가 하늘에 있는지 땅에 있는지로 자신들의 방위를 분류하며, 그 토템의 색을 은유해 자신들의 성격을 설명한다던가⋯⋯. 이 같은 수많은 분리와 해체 작업을 자유자재로 구사하여 사회의 모든 것을 설명합니다. 사회의 모든 것을 설명한다? 어디서 들었던 얘기입니다. 네, 신화의 기능이었죠. 토템은 신화에 의해 완성됩니다. 신화는 모든 토템 분류의 이유를 이야기의 형태로 제시합니다. 그러므로 신화가 그러했던 것처럼, 토템은 '참된 세상'이 됩니다.[62]

우리 여행에 깊이 동참하신 분들은 벌써 이렇게 묻고 있군요. 유사성에 기반을 둔 게 은유라면, 인접성에 기반을 둔 환유도 있지 않느냐? 그렇습니다. 기업문화 유형의 진화도 유사성과 인접성에 의해 이루어진다는 것도 보았죠. 은유와 쌍을 이루는 언어 사용의 패턴이 있습니다. 바로 환유입니다. 환유는 인접성에 기반을 둡니다. 은유와 환유가 어우러져 고차원의 상징이 탄생합니다. 이번 여행의 출발점에서, 그리고 신화가 계시하는 문화 코드에 대한 분석에서, 신화적 사고에 의해 상징이 탄생하며 그것은 또한 인간의 무의식과 연결됨을 보았죠. 기업의 토템을 만드

61
인간 언어의 본질이 은유입니다. 은유라는 방법이 없으면 마음에 의해 파악되는 이 세상을 도저히 표현할 길이 없는 거죠. 사전이야말로 '은유의 집대성'입니다. 줄리언 제인스 지음, 김득룡 · 박주용 옮김, 《의식의 기원》, 한길사, 2005, 75~80쪽.

171

62
그러나 모든 토템이 은유로 이루어졌다고 해서 토템이 인간의 '문학적, 유희적 활동'인 것은 절대 아닙니다. 1장에서 보았던 것과 같이 토템 역시 교환관계를 가능하게 하기 위해 만들어진 고도로 합리적인 체계입니다. 예컨대, 친족 관계를 토템으로 규정하고 족외혼(여성의 교환)을 가능하게 만드는 체계죠. 그 체계를 구조화하는 방법이 바로 신화적 사고입니다.

는 작업을 해야 하니, 간략하게 한 번 더 살펴봅시다. 여기 한 문장이 있습니다.

여우의 발톱이 날카롭다.

    여우를 떠올리면 발톱이 생각나고 발톱을 떠올리면 날카로움이 생각난다면, 그것은 언어 사용에서 환유의 작용 때문입니다. 인간의 사고가 언어를 통할 수밖에 없다면, 이처럼 문장 구조 속에서 옆으로 인접해 있는 것들이 차례로 떠오르게 되는 것이죠. '여우 → 발톱 → 날카로움 → 사냥을 위함 → 육식' 이렇게 계속해서 연상되는 겁니다.

    여우를 떠올리면 어떤 여자가 생각나거나 교활한 정치인이 떠오르기도 하고 신출귀몰하는 전쟁 영웅이 떠오르는 사람이 있다면, 그것은 은유의 작용 때문입니다. 서로 간의 어떤 유사성에 의해 단어가 바뀌게 되는 것이죠. "여자의 발톱이 날카롭다." 이렇게요. 이 문장에서 '여자'의 자리에는 어떠한 것들도 들어갈 수 있습니다. 어떤 유사성만 찾아낼 수 있다면, '온 세상 전체'가 다 들어가는 것이죠. 모든 현상을 다 끼워 맞추는, 신화적 사고의 특성입니다.

    아래 그림과 같이 정리해볼까요?

여우	발톱	날카롭다	→
여자	손톱	예쁘다	→
게임기	디자인	멋지다	→
밤하늘	별	아름답다	

→ (한 문장에서) 인접해 있음(인접성)
환유

↓   ↓   ↓
서로 어떤 특성이 유사함(유사성)
은유

토템은 이렇게 은유와 환유의 구조입니다. 그러나 토템 동물 자체와 사람 자체가 일대일로 대응하는 것은 아닙니다. 대응되는 것은 '관계'입니다. 즉, 토템 동물이 자연계에서 다른 존재들과 맺고 있는 관계와 인간이 인간 사회에서 다른 인간들과 맺고 있는 관계이것은 환유적이죠가 서로 대응합니다. 마치 장기에서 말 하나로는 아무런 의미가 없는 것처럼 말입니다. 졸은 그 자체로는 플라스틱일 뿐이죠. 어디 은유할 구석이 있겠습니까? 다만 졸과 장의 '관계'가, 병사와 왕의 '관계'에 대응되는 것이죠. 이처럼 구조주의는 언제나 '전체'를, 그 '전체 안에서의 관계의 양상'을 주목하는 것입니다. 요컨대, 토템이 자연 속에서 맺고 있는 '관계'와 인간이 사회 속에서 맺고 있는 '관계'가 은유적으로 대응하고 있는 것입니다.

기업의 토템을 만드는 세 단계

이제 '기업의 토테미즘'으로 되돌아옵시다. 신화적 사고와 과학적 사고, 그리고 은유와 환유에 의해 '모든 대상'은 토템이 될 수 있다고 했습니다. 하물며 특정한 사람들이 특정한 목적을 위

관계의 은유적 대응

자연 세계		(특정한) 인간 사회
토템1과 토템2와의 '관계(차이)' 토템2과 토템3과의 '관계(차이)' 토템3과 … 토템13과의 '관계(차이)'	은유적 대응 ⇔	부족1과 부족2와의 '관계(차이)' 부족2와 부족3과의 '관계(차이)' 부족3 … 부족13과의 '관계(차이)'

해 모여 있는 기업에서야 말할 것도 없지요. 게다가 인간은 '언제나' 신화적 사고를 할 수밖에 없는 존재이기에 토템의 흔적은 현대 사회에도 만연해 있습니다.

자연의 체계 속에서 인간의 이름이라는 고유명사를 가져오는 경우는 현대 사회의 이름 체계에도 그대로 존재합니다. 여기에서는 구체적으로 다루지 않았지만, 토템의 성씨 체계는 현대 사회의 성씨 체계에서 거의 그대로 존재합니다. 예컨대, 보루네오 섬의 페낭족의 이름은 개인명+친명+상명의 체계입니다. 개인명과 친명의 구조는 우리의 이름과 성의 구조와 같고, 상명은 일종의 씨족 중 죽은 자의 이름을 갖다 붙이는 것인데, 현대 사회의 '○○○ 미망인'의 형태와 꼭 같습니다.[63]

보다 단순한 예로, 우리는 흔히 꽃의 이름을 빌려서 여자의 이름을 짓습니다. 거꾸로 사람의 이름을 가져다 꽃의 이름을 짓기도 하지요. 자연의 체계와 인간 사회의 체계 사이에서 은유적 '교환'이 이루어지고 있습니다. '장미처럼 아름다운 로사Rosa', '바이올렛과 같이 정숙한 꽃, 바이올렛', 이렇게 말이죠. 국가나 기업을 상징하는 꽃이나 동물 등을 쓰는 것도 일종의 토템입니다. 미국의 토템은 독수리, 일본의 국화는 사쿠라죠? 대한민국은 뭘까요? 곰? 프로야구 구단 이름에 동물 등을 쓰는 경우는 차라리 귀여운 형태로 살아 있는 토템의 잔재라고 할 수 있겠네요.

63
클로드 레비스트로스 지음, 안정남 옮김, 《야생의 사고》, 한길사, 1999, 282~288쪽. 결국 이름 체계의 기능은, 토템 체계에서 관계의 은유적 대응을 통해 문화 '전체 속에서 개체의 위치'를 규정짓기 위함입니다.

자, 이제 우리는 레비스트로스를 따라, 오세지족의 토템이 만들어지는 과정을 거꾸로 유추하여 단순화시킨 다음, 이를 기업의 토템을 만드는 과정에 대응시켜보겠습니다. 덧붙이자면, 저는 '단순화'를 일부러 감행했습니다. 토템은 전 우주를 설명하는 체계인데, 그 내용을 여기에 다 넣는다면 그것은 '기업의 인류학'이 아니라 '레비스트로스 인류학 연구'일 테니까요. 토테미즘을 기업에서 응용 가능하게 만드는 것이 우리의 주된 목적임을 잊지 마시기 바랍니다.

첫 번째 단계. '관계의 체계(자연, 사회, 우주…)'를 은유하여 토템을 선택하기

오세지족은 수많은 씨족 사회로 이루어졌습니다. 그들은 각 씨족의 체계를 만들기 위해 자연종의 관계로부터, 여러 토템을 택했습니다.

자연의 체계 곰과 사람의 관계 / 곰과 늑대와의 관계 / 늑대와 들소와의 관계 / …

↕

부족의 체계 곰 씨족 / 늑대 씨족 / 들소 씨족 / …

어떤 회사 A는 시장을 세분화하여 각 영역별로 여러 영업 조직들이 있다고 가정해봅시다. 그 회사에 신화학자가 있다면, 그/그녀의 상상력은 아래와 같은 은유적인 대응을 불러올지도 모릅니다.

은유 대상의 체계 나비와 꽃의 관계(꽃을 찾아가는 나비) / 천사와 인간의 관계(수호천사) / …

↕

영업 조직의 체계 나비를 상징으로 하는 영업 조직 / 엔젤이라는 이름의 영업 조직 / …

'언제나 꽃을 찾아가는 아름다운 나비'라는 둘 사이의 관계를, '언제나 고객을 찾아가는 사람들'로 은유했고, '인간의 수호천사'라는 관계를 역시 '고객의 수호천사'에 비유했습니다. 이렇게 기업의 토템은 일단 만들어졌습니다.

두 번째 단계. 각 토템 족별로 인접한(환유 관계의) 여러 체계를 분석한 다음, 각각을 은유적으로 대응시키기

오세지족의 곰 씨족을 예로 들어보겠습니다. 그들은 곰과 인접한 여러 특징들을 아래와 같이 세분화하여, 이를 그들 씨족 사회의 개인들또는 더 작은 집단들에 대응시킵니다.

곰 씨족 구성원의 이름 곰의 반짝이는 눈동자 / 곰의 발톱 / 곰의 피하지방 / …

↕

곰 씨족 구성원의 위치와 역할 수색꾼 / 사냥꾼 / 목축 / …

　개인은 위치와 역할이 변함에 따라 이름이 바뀔 수도 있습니다. 즉, 수색꾼을 하던 사람이 10년 동안 '곰의 반짝이는 눈동자'라는 이름을 갖고 있다가, 완전히 새로운 사냥꾼의 역할을 부여받게 되면서 '곰의 발톱'이라는 이름을 가질 수도 있겠죠.

　A 회사의 토템의 예로는 '천사와 인간의 관계'에 대한 대응으로 만들어진 영업 조직 '엔젤'을 가져와 보겠습니다. 엔젤은 이런 식으로 대응이 되겠군요.

엔젤의 이름 대천사 / 지혜천사 / 미소천사 / …

↕

구성원의 위치와 역할 관리자 / 교육 서비스 담당 / 고객 응대 담당 / …

　곰 씨족과 마찬가지로, 이름이 바뀌면 역할도 바뀌고, 역할이 바뀌면 이름을 바꿔야겠죠. 이처럼 토템은 이름이 역할을 규정합니다. 그러나 토템의 '욕심'은 여기에 그치지 않습니다. 토템은 신화적 사고가 모든 세상을 설명하려는 개념적 도구라고 하지 않았습니까? 토템의 공간, 토템의 도구, 토템의 활동 등이 모두 세상을 설명하는 도구가 될 수 있습니다. 토템에 의해 새로운 세계가 창조되는 것이죠. 엔젤의 토템은 이제 이렇게 '또 하나의 세계'가 됩니다.

오른쪽 그림을 봅시다. 가로축은 은유적 대응입니다. 기본적으로 화장품 컨설턴트와 천사의 유사성에 의해 대응되었습니다. 어느 특정한 하나의 은유적 상징이 설정되자, 이제 우리의 사고는 인접성을 기준으로 번져갑니다. 환유가 시작된 것입니다. 천사를 떠올리니, 수호천사가 생각나고 대천사 가브리엘도 생각나면서 천사의 계급을 나눌 수 있습니다. 그리고 천사가 있는 공간도 떠오르고, 천사의 옷, 천사의 행동 등등이 떠오릅니다. 마찬가지 현상이 화장품 판매원의 개념 안에서도 벌어집니다. 조직의 구조, 판매 장소, 옷 등 판매원이라는 하나의 대상과 인접해 있는 것들입니다. 이제 그 환유적 관계 각각을 화장품 판매 조직에서의 관계 속성에 맞게 다시 은유적으로 대응시킵니다. 그렇게 토템의 체계를 만들어갑니다. 필요하다면 얼마든지 분류를 계속해가며 각각을 대응시킬 수 있습니다. 자, 이렇게 우리 '기업의 원주민'들은 '기업의 토템'을 일단 완성했습니다. 이제 토템의 구성원들은, 천사와 인간의 은유적 관계로부터 자신들의 근본적 역할, 즉 소명을 부여받게 된 것입니다.

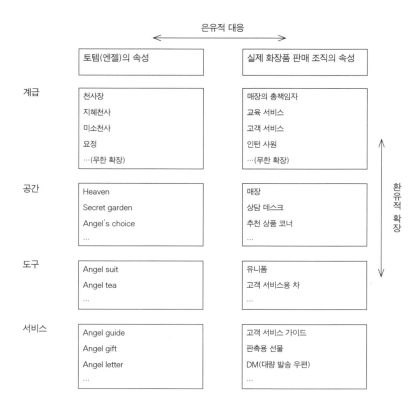

은유적 대응

토템(엔젤)의 속성	실제 화장품 판매 조직의 속성

계급

천사장	매장의 총책임자
지혜천사	교육 서비스
미소천사	고객 서비스
요정	인턴 사원
…(무한 확장)	…(무한 확장)

공간

Heaven	매장
Secret garden	상담 데스크
Angel's choice	추천 상품 코너
…	…

도구

Angel suit	유니폼
Angel tea	고객 서비스용 차
…	…

서비스

Angel guide	고객 서비스 가이드
Angel gift	판촉용 선물
Angel letter	DM(대량 발송 우편)
…	…

환유적 확장

마지막이자 최초의 단계. 토템의 신화 만들기

혹시 눈치 채셨나요? 가장 중요한 하나가 빠졌습니다. 바로 '모든 것의 기원이 되는 이야기', 이 토템의 구성원들로 하여금 자신이 왜 엔젤이어야 하는지를 인식시켜주는 이야기, 즉 '신화'가 있어야 합니다. 신화는 다시 소명을 낳아야 하고요. 그 안에 적절한 문화 코드를 심어야 합니다. 그 신화는 순전히 천사라는 상징으로만 전개할 수도 있지만, 실제 역사적 사실과 결합시켜 하나의 이야기로 만드는 것이 좋습니다. 잊지 말아야 할 점은, 앞서 보았던 '보편적 신화 구조'를 응용하는 것입니다. 신화로서 기능을 최대한으로 발휘하기 위해서죠.

제가 함께했던 작업인 아모레퍼시픽의 백화점 판매원 조직의 예를 들어보겠습니다. '엔젤 토템의 신화'[64]입니다.

아모레퍼시픽의 꿈

아름다움에 대한 꿈을 꾸어온 회사가 있었습니다. 자연과 인간에 대한 아시아의 깊은 지혜로, 바다 건너 세계의 많은 사람들에게 행복을 선사하겠다는 창업자의 꿈이 담긴 이름이었습니다. 아모레퍼시픽은 최고의 화장품 회사로 성장하여, 창업의 소명을 하나하나 실현해갔습니다.

사라진 영광

세월은 흐르고 흘러, 1990년대 중반입니다. 어느 백화점 1층의 풍경이었습니다. 정기 세일이 한창 진행 중이었죠. 백화점에 입점한 수입 브랜드들이 한껏 세련되고 화사한 분위기로 고객의 발길을 사로잡기 위해 경쟁하고 있었죠. 그 한켠에 스테인리스 냄비를 판촉품으로 잔뜩 쌓아놓은 화장품 코너가 있었습니다. 바로 아모레퍼시픽이었습니다. 이보다 10여 년 전, 백화점 사업을 처음 시작했을 때는 그야말로 무풍지대였습니다. 어느 백화점에서건 최고의 대우를 받으며 가장 좋은 자리에 위치했죠. 하지만, 1990년대 중반 상황은 돌변했습니다. 회사는 고객이 어떻게 변하는지, 시장이 어떻게 달라졌는지 몰랐습니다. 자만심에 눈과 귀를 닫았었죠. 탁월한 전문성도, 열정도, 고객에 대한 보살핌과 배려도, 고객 감동도 사라졌습니다. 백화점의 미운 오리새끼가 되어버린 그들은 결국 수입 브랜드들에게 자리를 내주고 쫓겨나는 수모까지 겪게 됩니다.

엔젤의 탄생

모두 울었습니다. 이대로 주저앉을 수는 없었습니다. 모든 경영진과 직원들은 백화점 사업 살리기에 나섰습니다. 고객의 목소리에 귀를 열었습니다. 고객은 명품 브랜드와 명품 서비스를 원하고 있었죠. 선택과 집중이 필요했습니다. 당장 손해가 나더라도 매장을 대부분 철수시키고 일등 브랜드만 취급했습니다. 그리고 고객에게 최고의 아름다움을 선사하고 고객의 아름다움을 수호할 최정예 요원들이 필요했습니다. 그리하여 '아름다움의 천사'들이 탄생하게 되었습니다.

당시 가장 많이 울었고, 가장 분을 삭였던 사람들이었습니다. 그들은 자신만의 무기를 개발했습니다. 사람들은 CRM이라고 일컫지만, 사실은 고객에 대한 열정과 배려, 그리고 고객과 감동을 나누고자 하는 마음이었습니다. 그들은 이를 Angel's heart라 불렀습니다. 각기 다른 백화점에서 활동하고 있었지만, 그들은 마치 하나가 된 것처럼 똘똘 뭉쳤습니다. 어떠한 수입 브랜드, 국산 브랜드들도 갖지 못한 그 힘을 조금씩 조금씩 키워나갔습니다.

다시 탈환한 1위

전략과 의지가 뭉쳤습니다. 회사와 사람이 하나가 되어 고객을 찾아갔습니다. 백화점에서도 더 좋은 자리, 더 좋은 조건을 받을 수 있게 되었습니다. IMF 위기도 이들의 의지를 꺾을 수는 없었습니다. 오히려 수입 브랜드들의 위기가 왔고, 그 위기를 기회로 삼아 더 많은 고객에게 다가갈 수 있었습니다. 2000년대에 들어 결국 여러 백화점에서 1위의 깃발들이 하나둘 꽂혀갔습니다. 백화점 사업부, 그리고 엔젤은 하나의 전설이 되었습니다.

계속되어야 할 전설

전설이 한때의 영광이 되는 것은, 그들에게는 참을 수 없는 일입니다. 여기에 만족할 수는 없습니다. 위기는 언제고 그 그림자를 드리우고 있으니까요. 경쟁자들은 이제 엔젤의 힘을 자신의 것으로 만들어갔습니다. 그들의 장점을 하나하나 배워갔고, 새롭게 도전장을 던지고 있습니다. 그리고 아직 세계 시장에서 아모레퍼시픽의 이름은 경쟁자들에 비해 초라합니다. 전설을 넘어 신화를 써야 할 때입니다. 신화는 언제나 고객으로부터 나옴을 잊지 않습니다. 신화를 쓰는 이들에게 고객의 아름다움은 신성한 것입니다. 한 손에는 <u>탁월함과 열정</u>이라는 창을, 다른 한 손에는 <u>배려와 감동</u>이라는 방패를 든 엔젤들이 그 선두에 서 있습니다.

어떠신가요? 다소 길다고 할지 모르겠습니다만, 사실 신화치고는 짧습니다. 왜냐하면 '모든 것의 기원'을 말하고 있지는 않으니까요. 부족 사회의 신화는 존재하는 모든 것의 기원을 말하고 있지만, 기업의 신화는 전체 구조 중 가장 중요한 부분—정체성과 소명—에 관련된 것이면 충분합니다. 중요한 것은 텍스트가 아니라 '구전'이니까요. 말을 예쁘게 만들 필요는 없습니다. 이야기의 구조만 사람들의 머릿속에 자리 잡고 그것이 다양한 형태로 구전되면 족합니다. 그리고 나머지는 토템이 알아서 해줄 것입니다. 우리의 신화적 사고가 머릿속에서 자동적으로 꿰어 맞춰 '모든 것들의 기원'을 다시 재생산할 것입니다.

그러기 위해선, 먼저 근본적인 대립항을 구성해야겠죠. 이 대립 구조는 세계를 보는 '틀'이 된다고 했죠? 한번 머릿속에 자리 잡게 되면 거의 변하지 않으므로 굉장히 중요합니다. 경영전략상 엔젤 조직은 수입 명품 브랜드가 가장 큰 경쟁자였기에 이를 주요 대립항으로 설정했습니다. 그리고 토템을 통해 정체성과 소명을 부여했죠. 엔젤 토템은 '고객의 수호천사'라는 상징성을 갖게 되었고, 기원 신화를 통해 '명품 고객에게 명품 아름다움을 선사한다'라는 소명을 가지게 되었습니다. 여기까지 왔으면 된 걸까요? 아닙니다. 이 신화에는 제가 전략적으로 어떤 '문화 코드'를 심어놓았는데요, 그 '코드'에 부합하는 행동을 통해 그 조직은 시련을 극복하고 부활할 수 있었고, 조직의 미래도 보장받을 것이라는 메시지가 숨어 있습니다. 찾으셨나요? 그럼, 같이 정리해봅시다.

신화는 여러 상징을 낳습니다. 천사와 관련한 여러 상징이 '엔

아모레퍼시픽의 신화 분석

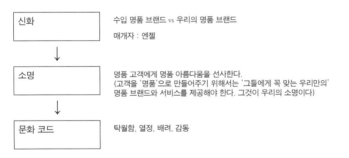

신화	수입 명품 브랜드 vs 우리의 명품 브랜드 매개자 : 엔젤
↓	
소명	명품 고객에게 명품 아름다움을 선사한다. (고객을 '명품'으로 만들어주기 위해서는 '그들에게 꼭 맞는 우리만의' 명품 브랜드와 서비스를 제공해야 한다. 그것이 우리의 소명이다)
↓	
문화 코드	탁월함, 열정, 배려, 감동

이야기 구조	주요 내용	테마
우주 창조 신화	모기업의 꿈	금기의 위반
	사라진 영광	숨은 신
기원 신화	엔젤의 탄생	금기의 위반
		다시 탈환한 1위
종말과 죽음의 신화	사라진 영광	인간의 타락
부활과 번영의 신화	계속되어야 할 전설	카오스의 살해
		낙원의 도래

젤 토템'을 구성했죠. 사실 엔젤 자체가 상징이니까요. 그리고 토템의 체계는 결국 상징의 체계죠. 이로부터 로고, 유니폼, 귀고리, 배지 등등 겉으로 드러나는 상징적 장치들이 구체화되고 분화되어갑니다. 그렇게 구축된 상징들은 다시 역으로 조직의 문화를 더욱 강화해갑니다. 상징체계를 구축하는 방법에 대해서는 이 정도로도 충분합니다. 인간은 호모 심볼리쿠스이니, 토템이 사람들의 신화적 사고에 말을 걸면 사람들은 스스로 상징을 만들기 시작하기 때문입니다. 중심 상징이 있고 신화가 있으면, 나머지 상징들은 그에 동화됩니다. 처음에는 개별적이고 고립된 이미지로 보이던 것이 의미의 체계를 이루게 되죠.[65] 사람들을 믿으십시오. '인사 관리'에서 '관리'라는 말을 뺄 때, 기업문화는 경영전략에 웃으며 화답할 것입니다.

가장 중요한 열쇠
—

기업문화라는 비밀의 문을 여는 두 번째 열쇠를 마저 돌렸습니다. 가장 중요한 열쇠였다고 말씀드리려 했는데, 이제 보니 기업문화의 유형론이라는 첫 번째 열쇠도 가장 중요하다고 했었

65
더글라스 알렌 지음, 유요한 옮김, 《엘리아데의 신화와 종교》, 이학사, 2009, 256쪽.

네요. A=not A라고 하질 않나, 기업에 토템이 있다고 하질 않나, 아무래도 저는 거짓말쟁이인 건가요?

첫 번째 열쇠를 통해 우리는 '기업문화를 보는 근본적인 시선'을 만들었습니다. 우선 기업문화는 '있음'을 인정하는 데부터 출발했죠. 인사조직론이나 관리 시스템, 혁신 방식 등으로 기업문화를 환원하거나, 선진 기업의 것이면 무조건 옳다고 보는 독단적인 시선을 거부했습니다. 상대적이고 거시적인 눈앞에서만 기업문화는 그 모습이 드러남을 보았죠. 의식적 생활과 무의식이 조화를 이루어야 하는 것처럼, 기업문화의 유형이 경영전략에 적합하냐 그렇지 않느냐가 중요했습니다. 절대적으로 옳고 그른 기업문화를 미리 전제할 때 따르는 부작용도 아울렀습니다. 문화란 상대적임을 인정하지 않으면, 그리고 '하늘을 나는 새의 눈'으로 보지 않으면, 기업문화라는 비밀의 문 앞에 다다르지도 못하기에, 첫 번째 열쇠는 '가장 중요'했습니다.

그러나 두 번째 열쇠 역시 '가장 중요'합니다. 근본적으로 문화라는 걸 만드는 '인간의 마음'의 비밀에 접근해보고자 했으니까요. 세계는 인간의 신화적 사고와 과학적 사고가 함께 만들어가는데, 기업이야말로 이러한 특성이 잘 나타나는 집단입니다. 신화적 사고로 하여금 스스로 기업문화라는 비밀의 문을 열게끔 했습니다. '기업의 유전자'라고 할 수 있는 소명과 문화 코드를 찾을 수 있었고, 이를 변환하는 방법까지 알아보았습니다. 욕심을 내어 기업의 토템을 만드는 작업까지도 해보았네요.

그런데 세 번째 열쇠 역시 '가장 중요'합니다. 지금까지 우리가 기업의 신화를 만드는, 그러므로 기업문화를 만드는 인간의 '마음의 구조'로부터 비밀의 문을 열려고 했다면, 지금부터는 기업이라는 '사회적 구조'를 통해 기업문화를 보고자 합니다. 세 번째 열쇠는 좀 작아 보이기도 합니다. 책에서의 분량으로만 따지면 더욱 그러하다는 생각이 듭니다.

그러나 앞서 말씀드렸듯이 각각의 열쇠는 서로 다른 차원의 공간을 점유하고 있습니다. 기업문화는 신화적 사고에 의해 만들어지는 세계이고, 그 세계는 무의식이나 상징처럼 다차원적인 특징을 갖기 때문입니다. 마치 내 옆에 천사가 실재하는 것과 같고, 수학에서 실수와 허수가 동시에 존재하는 것과 같지요. 그러므로 하나의 열쇠는 네 개의 열쇠였고, 또한 네 개의 열쇠는 하나의 열쇠에 다름 아닙니다.

달리 말하면, 서로 점유하고 있는 '위상topos'이 다른 것입니다. 이는 레비스트로스와, 지금부터 함께할 조르주 뒤메질과의 차이이기도 합니다. 둘 다 신화로부터 문화를 이해하고자 합니다. 그러나 레비스트로스는 신화를 만드는 인간 '마음'의 구조—신화적 사고와 과학적 사고—를 알고자 했다면, 뒤메질은 신화에

숨겨진 사회 조직 구조―숨겨진 기능 집단―에 관심을 가졌지요.[66]

　'마음'이 클까요, '사회'가 클까요? 서로 다른 차원의 것이기에 따질 수가 없습니다. 비교할 수 없는 문제입니다. 중요한 것은 열쇠의 크기가 아닙니다. 대신 확실한 것은, 우리에겐 기업의 '마음'도 기업의 '사회 조직'도 모두 중요하다는 사실이지요. 기업문화는 다차원적이라 하지 않았습니까? 중층적인 분석이 필요합니다. 마치 피카소가 그림을 그리듯 우리는 여러 개의 열쇠를 '동시에' '같이' 보고자 합니다.

66

C. Scott Littleton, *New comparative mythology-An anthropological assessment of the theories of George Dumézil*, University of California Press, 1973, p. 203.

파 리 스 의
심 판

매트릭스의 묵시론적 세계를 잠시 벗어나볼까요? 눈의 피로도 풀 겸 명화 한 편 감상해보는 건 어떨까요?

헨드릭 반 발렌이 그린 〈파리스의 심판〉입니다. 트로이 전쟁이 일어난 원인이 되는 신화적 사건이 주제입니다. 트로이 전쟁 이야기는 호메로스Homeros의 서사시 〈일리아스Ilias〉에 실려 전해지고 있습니다. 일리아스는 일리온Ilion에 관한 시poiesis라는 뜻입니다. 일리온은 트로이의 옛 이름이니, 일리온 이야기는 트로이 이야기라는 뜻이네요. 트로이의 목마로 유명한 그 전쟁은 한 알의 사과에서 비롯됩니다.

펠레우스라는 영웅이 바다의 요정을 아내로 맞이하면서 혼인 잔치에 올림푸스의 신들을 초대했습니다. 그런데 초대받지 못한 여신이 하나 있었는데, 바로 불화의 여신 에리스였습니다. 혼인 잔치니 만큼 불화의 여신을 초대하지 않은 건 어찌 보면 당연했는데, 이 여신 입장에선 그렇지 않았나 봅니다. 복수심에 불탄 여신은 잔치에 나타나더니 사과 한 알을 굴립니다. 아니, 그깟 사과 하나가 복수라니요? 그런데 사과에는 이런 문장이 새겨져 있었으니, '가장 아름다운 여신께'! 헤라, 아테나, 그리고 아프로디테. 세 여신의 조화는 이제 무너집니다. 가장 아

파리스의 심판

름다운 최고의 여신이 되기 위한 주도권 다툼이 시작됩니다.

그림 왼쪽에 사과를 들고 있는 남자가 바로 트로이의 왕자 파리스입니다. 제우스 신은 그에게 선택을 미루었죠. 누군들 그런 어려운 선택을 하고 싶겠습니까? 다시 그림을 볼까요? 파리스 앞에 서 있는 세 여신이 바로 아테나, 헤라, 아프로디테입니다. 등을 보이고 서 있는 여신이 헤라입니다. 어떻게 알았냐고요? 상징을 통해서죠. 헤라의 상징인 공작새가 옆에 같이 있죠. 또한 신화의 등장인물도 상징 그 자체입니다. 헤라는 정치와 행정을 담당하던 '학자scholar/성직자priest' 기능을 상징합니다. 투구와 창, 방패를 들고 있는 아테나는 전쟁의 여신입니다. 즉, 그녀는 '전사warrior' 기능의 상징이죠. 그리고 에로스(큐피트)와 함께 있는 여신이 바로 아프로디테(비너스)입니다. 그녀는 '생산자producer' 기능의 상징입니다. 생산자는 번영과 풍요를 담당하고 있죠.

세 여신의 상징 기능

파리스는 아프로디테의 손을 들어 줍니다. 생산과 풍요를 담당하던 여신답게 자신만큼 아름다운 여인을 아내로 주겠다고 약속했기 때문이죠. 그런데 아프로디테만큼 아름다운 여인은 스파르타의 왕 메넬라오스의 아내인 헬레네뿐이었죠. 아프로디테는 파리스로 하여금 유부녀를 꼬시게 하였고 파리스는 헬레네를 데리고 트로이로 돌아옵니다. 헬레네의 남편 메넬라오스는 그의 형 아가멤논과 함께 여러 그리스 왕국들과 연합군을 결성해 트로이로 쳐들어갑니다. 그리고 그 유명한 '트로이의 목마' 작전으로 인해 결국 트로이는 멸망합니다.

신화는 사랑의 여신 아프로디테를 트로이 전쟁의 직접적인 원인 제공자로 기록하고 있습니다. 그러나 우리는 '신화라는 텍스트는 직접적으로 읽는 것이 아님'을 이미 알고 있죠. 신화를 만들어 세계를 상징적으로 해석하던 그 문화권 사람들의 신화적 사고를 읽어내는 겁니다. 세 여신은 세 가지 기능을 상징한다고 했죠? 그렇다면 진짜 원인은 아프로디테나 파리스에게 있었던 것이 아니라, '셋 중 하나를 최고의 존재로 선택해야 했던 상황' 자체에 있었던 것이죠. 조화롭게 상호보완적으로 움직여야 하는 세 기능 중 하나가 우위에 서는 상황! 그리스 신화를 만들고 전승하던 사람들의 신화적 사고는 이를 허락하지 않았습니다. '최고의 저주'는 사과 한 알에 적힌 글귀의 숨겨진 의미였습니다. '세 기능 중 하나를 택하라!'

이 신화가 자본주의 사회의 기업 경영에 전하는 메시지는 무얼까요? 이제 비교신화학자 조르주 뒤메질에게 이 물음을 던져보겠습니다.

5

기 능

의

삼 위 일 체

종교학자이자 비교신화학자인 조르주 뒤메질은 35개의 인도-유럽어를 습득하여 방대한 양의 인도-유럽 신화를 분석했습니다. 그 역시 신화를 한 문화권, 특히 언어 공동체가 세계를 해석하고 살아가는 모든 방식이 담겨 있는 실재로 보았죠. 사실 이러한 생각은 전제라기보다는 결론에 가까웠습니다. 언어적인 관심에서 신화를 연구하다가 나중에 발견하게 된 거죠. 신화는 그 신화를 만든 공동체 구성원들의 삶, 사상, 믿음, 제도, 의례 등을 담고 있는 사회, 문화적 실재입니다. 뒤메질은 이렇게 말합니다.

신화들은 그 신화를 이야기하는 사람들의 삶과 단절되어서는 이해할 수 없다. 그리스에서 신화들은 정치 조직이나 사회 조직과 무관한 의례나 법률, 관습들과 무관한 극적 창조물이 아니다. 신화의 역할은 반대로 이 모든 것들의 근거를 대는 것justify, 이 모든 것들을 조직하고 유지하는 사상들great ideas을 이미지로 표현하는 것이다.67

우리가 기업의 신화를 다루는 관점과 그의 생각이 크게 다르지 않죠? 그가 얘기했듯이 경영을 다루는 이론은 기업의 "신화 앞에서 더욱 겸손해져야"68 합니다. 신화는 기업문화를 담고 있는 그릇이고, 기업문화는 경영의 큰 방향을 좌우하는 방향키입니다. 얼핏 모순으로 가득 차 있는 것처럼 보이는 기업의 신화가

67
Georges Dumézil, *Mythe et épopée I, Gallimard,* Paris, 1968, p. 11. (김현자 옮김, 〈인도-유럽 신화와 3기능 이데올로기〉,《종교학 연구》19, 2000, 56쪽에서 재인용)

68
"신화를 삶과 절연시켜 그들의 자연적 바탕들을 떨쳐낸 채 해석하는 것은 신화를 선험적 체계들에 따라서 해석하는 것이다. 우리는 신화 자료군 앞에서 보다 겸손해야 한다. 그들의 풍부함, 다채로움, 게다가 모순들까지 존중해야 한다." 위의 책, p. 11.

사실은 기업 구성원의 근본적인 인식 구조를 결정짓고, 신화 속에 드러난 모순적 상황이 특정한 소명과 문화 코드를 낳는다는 걸 우리는 지금까지 같이 보았습니다.

자, 중요한 장면은 지금부터입니다. 1938년 봄, 인도-유럽 신화에 대한 오랜 연구 끝에 그는 홀연히 신화 공식의 첫 윤곽이 드러났다고 선언합니다. 바로 그 유명한 '삼분할 기능 구조'입니다. 요약하자면, 인도-유럽 신화의 주요 등장인물들은 모두 세 기능을 대변한다는 것입니다.[69]

우리의 신화 정의를 고려해볼 때, 이는 두 가지 의미를 지닙니다.

(1) 당시 사회 조직이 세 기능에 따라 분할되어 운영되었다.
(2) (인도-유럽어로 신화를 말하고 써온) 사람들의 의식 구조는 세 가지 기능의 조합으로 세계를 해석하려 했다.

실제로 뒤메질의 결론도 (1)에서 (2)로 발전했습니다. 초기에는 (1)'당시 사회 조직이 성직자학자/전사/생산자로 짜였기에 그게 신화에 이데올로기적으로 반영된 것이다'는 결론에 머물렀습니다. 그런데 이후 더욱 광범위한 연구를 거듭하다 보니, 당시 실제 사회 조직이 삼분할 기능으로 짜이지 않았던 사회의 신화

69

197 C. Scott Littleton, *The New Comparative Mythology – an Anthropological Assessment of the Theories of Georges Dumézil*, University of California Press, 1973, pp. 7~19.

들도 이러한 구조를 갖고 있다는 것을 발견합니다. 결국 (2)'신화 속에서 삼분할 기능 구조로 보편성을 띠는 것은 진짜 사회 조직이 그러해서라기보다는 (때로는 사회 조직과 다르더라도) 신화를 만들고 말하고 쓰는 그 언어권 사람들의 보편적 의식 구조가 그러하기 때문이다'라는 결론으로 발전합니다. 신화는 그 신화를 만든 사회 구성원들의 '경험적 실재'만이 아니라 때로는 경험과 반대되는 실재, 또는 구성원들의 의식 저 아래에 있는 '관념적 실재'도 표현합니다.

우리 역시 이러한 결론을 수용합니다. 기업의 신화 역시 기업 구성원들의 경험적 실재와 관념적 실재를 모두 담기 마련이죠. 즉, (1)(기업의 모든 기원과 현상을 설명하는 상징적 도구가 신화이기 때문에) 현재 기업의 조직 체계가 신화에 반영되어 담길 수밖에 없겠지만, (2)(기업 구성원의 머릿속에 자리를 잡아 조직을 해석하는 모든 사고의 틀이 되는 것이 또한 신화이기 때문에) 실제 조직 체계와 별도로 그들이 무의식적으로 해석하는 기능 구조가 담길 수밖에 없다, 라고 결론 내릴 수 있습니다. (1)은 '겉으로 보이는 기능 체계' 쪽에 가깝고, (2)는 '보이지 않게 내면화된 기능 규범'이라고 할 수 있습니다.

어째 말하면 할수록 더 어려워지는 기분입니다. 이렇게 생각

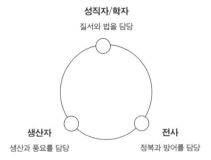

성직자/학자
질서와 법을 담당

삼분할 기능 구조

생산자
생산과 풍요를 담당

전사
정복과 방어를 담당

하면 좋을 것 같네요. 만일 (1)실제 기업의 조직은 영업과 지원 부서로 크게 나뉘어 있는데 (2)사람들이 말하는 신화들을 종합해보니 생산 부서가 존재하는 것처럼 계속 등장한다면, 이는 주된 분석의 대상이 됩니다. 현재 사람들에게는 '생산자의 존재'와 '생산 중심적 규범'이 자리하고 있다고 할 수 있으니까요. 이런 예도 있을 수 있습니다. (1)실제로는 영업팀에 속해 있는데, (2)그 사람은 스스로를 전사가 아니라 학자로 생각하고 학자에게 요구되는 규범에 따라 행동하고 있는 경우, (1)은 경영활동의 영역에 속하고, (2)는 기업문화의 영역에 해당합니다.

우리는 언제나 경영활동과 기업문화의 '궁합'을 얘기해왔습니다. 기능 구조에서도 우리의 관심은 (1)과 (2)가 조화를 이루고 있는지 아닌지를 보는 데 있습니다. 자, 중요한 결론을 내릴 때입니다. 바로 '기능과 규범의 조화'입니다. 다시 정리해볼까요?

(1) 각 문화권은 (문화에 적합한) 필수 기능들이 있다. 각 기능들이 조화를 이루지 않을 때 전체 사회 역시 제 기능을 못한다.

(2) 각 기능에 해당하는 사람들, 즉 기능 집단은 그에 합당한 규범이 있어야 한다.

문화와 기능의 화음

—

뒤메질이 발견했듯이 인도-유럽 문화는 성직자/학자, 전사, 생산자의 삼분할 구조로 나타납니다. 다시 말하면, 인도-유럽어를 사용해온 사람들의 의식 구조는 세상을 돌아가게 하는 원리를 세 기능의 조화로 해석했던 거죠. 아, 여기서 인도-유럽어를 쓰는 사람들이 누구냐고요? 대충 지금의 유럽 사람들이라고 보면 될 것 같습니다. 산스크리트어, 그리스어, 독일어, 프랑스어, 러시아어, 그리고 넓게는 영(국)어를 사용하는 문화권까지를 포함한다고 보면 됩니다. 언어학적으로 볼 때 모두 동일한 뿌리인 인도-유럽어를 가지고 그들의 문화를 '건축'해왔습니다. 유럽 문화권에 속한 사람들은, 아니 정확히 말하자면 유럽 사람들의 의식 구조는 이처럼 성직자/학자, 전사, 생산자의 세 기능으로 사회를 바라보았습니다. 농경, 목축 등을 담당하며 그 사회의 유지에 필요한 자원의 생산과 공급을 담당하는 생산자가 있어야 사회가 유지된다고 보았고, 영토의 확장과 외부 자원의 획득을 주된 기능으로 하는 전사들이 반드시 있어야 한다고 보았습니다. 그리고 성직자/학자는 다른 기능들이 조화롭게 운영될 수 있게 행정과 자원 배분을 담당하고 더불어 역사와 종교의 관리까지 기능으로 부여받았습니다.

　그런데 왜 하필 우리는 인도-유럽어 문화권의 기능 구조에 주목하는 걸까요? 다른 문화권의 기능 구조도 있을 텐데 말이죠. 이 질문에 대한 답을 하기 전에 먼저, 다른 문화권의 기능 구조를 탐험해볼까요? 더불어, 문화에서, 특히 그 응집력에서 기능 구조에 대한 인식이 얼마나 중요한지에 대한 얘기도 해보겠습니다.

　이해를 돕기 위해 단순화했습니다만, 우리에게 익숙한 세 문화권을 비교하면 보다 이해가 쉬울 것 같습니다.

　유교문화는 '사-농-공-상'의 기능으로 구조화되어 있습니다. 성리학이 설계한 우주의 체계에 따르면, 유학자가 있어 우주의 질서를 관장해야 하고, 농사를 지어 다른 이들을 먹여 살리는 농민들이 있어야 하며, 농기구를 비롯한 도구와 기계를 만드는 사람들과 물건을 파는 사람들이 있어야 세계는 굴러간다는 거죠.

　그런데 우리가 주목할 점은 이 구조가 철저한 수직적 위계에 기반을 두고 있었다는 겁니다. 실제 사회 체계도 그렇게 만들어져서 신분제가 유지되었죠. 흥미로운 점은 전사가 드러나 있지 않다는 겁니다. 상인이 가장 천시되고 있다는 점도 주목할 만합니다.

　이에 비해 한때 천하를 호령했던 칭기즈칸의 몽골 유목문화는 전사를 중심으로 짜여 있었습니다. 이리저리 옮겨가며 정복 전

유교문화	몽골 유목문화	인도-유럽 문화
사 농 공 상	전사 샤먼(성직자) 목축(생산자)	생산자 전사 성직자/학자
불변의 수직적 위계	능력에 따른 위계 전사-샤먼 간은 평등	세 기능 간 평등과 균형 각 기능 내에서 위계(귀족과 노예)

쟁을 벌이는 체제였으니 당연했고, 역으로 전사 중심의 기능 구조였으니 계속 정복 전쟁을 벌여나가는 것이 적절한 생존 방식이었다고 할 수 있죠. 샤먼후에 라마 승려이 성직자로서 전사들에게 자연의 권력을 불어넣어 주었고, 목축을 담당하는 생산자들이 전사와 샤먼을 보완했습니다. 유교문화처럼 수직적 위계와 복잡한 질서가 있을 턱이 없겠죠. 위계는 능력에 따라 정해졌습니다.

우리가 계속 보아왔듯이, 인도-유럽 문화는 생산자, 전사, 성직자/학자의 기능으로 구조화되어 있습니다. 중요한 점은 이들 세 기능 사이에는 위계가 없었다는 겁니다. 서로 평등한 관계에서 조화를 이루어야 사회가 유지되었죠. 아까 보았던 그리스 신화가 상징하듯이 말이죠. 하지만 역시 신분제가 있지 않았냐고요? 맞습니다. 그러나 그 신분은 기능 내에서 나누어졌습니다. 전사 집단 내에서 귀족 선사가 있고 노예 전사가 있었던 겁니다. 귀족 생산자와 노예 생산자가 있었고요. 귀족과 노예의 신분은 봉건사회가 무너지며 '겉으로는' 사라졌지만, '보이지 않게' 문화적으로는 지금까지도 계속 유지되고 있죠. 문화의 힘! 하지만 각 기능끼리는 서로 균형을 유지했습니다. 세 기능간의 대칭성이 깨지고 어느 한 기능이 우위에 설 때, 예컨대 교회성직자가 왕권전사를 무너뜨리려 하거나, 왕권이 경우는 학자이 생산자들을 노예로 삼으려 했을 때 유럽 사회는 위기를 맞았죠. 그러나 유럽 사람들의 신화적 사고로 인해 결국 다시 원래의 대칭성을 회복했고 이러한 과정을 반복하며 유럽 사회는 유지되었습니다. 그리고 그 사회는 결국 '자본주의'를 낳았습니다.

그렇습니다. 우리가 인도-유럽 문화의 삼분할 기능 구조에 관심을 두는 이유는, 자본주의 문화가 이러한 세 기능 구조에 바탕을 두고 만들어졌기 때문입니다. 구성 집단의 관점에서 볼 때, 자본주의 '경제체제'는 자본가와 노동자의 계급 구조로 나눌 수 있지만, 자본주의 '문화'는 생산자, 전사, 성직자의 삼분할 기능 구조로 분석됩니다. 기업은 자본주의 경제체제의 산물이고, 기업문화는 자본주의 문화의 영향을 받을 수밖에 없기에, 우리는 기본적으로 생산자, 전사, 성직자/학자의 세 기능이 조화를 이룬 기업문화를 기업의 '교과서적인' 기능 구조로 받아들이고자 합니다. 그러나 '교과서'는 다양하게 활용될 때 의미가 있겠죠? 삼분할 기능 구조를 기업에 교과서적으로 무조건 대입하면 안 됩니다. 곧 사례를 보겠지만, 각 기업의 특성상, 그리고 유형상 조금씩 다른 기능 구조를 가져가야 하니까요. 중요한 것은, 기업을 볼 때 조직도나 시스템과 더불어 '기능 구조를 보는 눈'에 있습니다. 기업의 경영 환경과 전략에 부합하는 기능 구조를 갖고 있는가, 그리고 각 기능에 속한 사람들은 그에 합당한 규범을 갖고 있는가를 보고자 하는 시도 자체가 중요합니다.

기능과 규범의 화음

—

각 기능은 그에 적합한 규범을 가져야 합니다. 전사들이 학자의 규범을 가졌다고 생각해보세요. 전쟁터에서 책 읽다 칼 맞을 일 있나요? 즉, 각 기능에 해당하는 사람들은,

1) 자기가 속해 있는 '우주'가 어떤 기능 구조로 이루어져 있는지를 알고
2) 그 우주 속에서 자신이 속한 기능의 위치를 또한 알고 그것을 '운명'으로 받아들이며
3) 적어도 그 우주 안에서는'너무나 당연하게' 그 기능에 요청되는 규범에 따라 행동할 때

그 사회는 조화롭게 유지된다고 할 수 있습니다.
유교문화에서 농민들은,

1) 조선은 말이여, 사-농-공-상의 계층이 있는 법이여!
2) 나는 농사꾼이여. 농사꾼이 농사를 잘 지어야지 나라가 풍요로운 법이여. 선비들은 나라를 잘 다스리고, 대장장이들은 좋은 농기구 만들고, 또 소금이 잘 유통되어야지마이 우리도 풍년이 드는 게지.

3) 그랑께, 우리 농민의 최대 덕목은 근면 성실 아니겠소?

이렇게 생각해야지만, 조선이라는 사회의 응집력은 유지된다, 이런 말씀입니다. 선비와 상인 등 다른 기능들도 각자의 기능에 맞추어 이러한 인식 패턴을 보일 때 조선이라는 사회의 질서가 유지되었습니다. 기능 구조에 철저히 기반을 두고 법규와 시스템도 만들어졌고요. 그리고 시스템은 다시 사-농-공-상의 기능 구조를 재생산합니다.

 만약 기능 집단에 해당하는 사람들이 이 기능 구조를 받아들이지 않을 때는 어찌될까요? 그 사회의 응집력은 해체되어 위기를 맞게 될 수밖에 없습니다. 예컨대, 농민들이 "아니, 왜 우리가 선비들의 지배를 받아야 하는겨? 우리가 쌀 키워서 지들 먹여살리는디, 조선 천지에 우리가 주인이제!" 이런 생각을 하고 난을 일으켰던 때가 종종 있었죠? 1)전체의 기능 구조를 받아들이지 않았고, 2)그 안에서 자신의 위치 또한 받아들이지 않았으며, 3)자신의 기능에 요청되는 규범도 거부했죠. 이런, 오해는 마십시오. 저 개인적으로는 농민의 난을 지지(?)하는 입장입니다. 문화를 다룰 때에 가치 판단은 보류해야 한다고 했습니다. 우리에게 중요한 것은 농민들의 생각을 지지하고 안 하고의 가치 판단의 문제가 아니라, 만일 한 사회의 응집력을 유지하고자 한다면 반

드시 기능 구조와 그에 적합한 규범의 내면화 여부를 고려해야
만 한다는 것이죠.

  무의식적으로 공유하고 있는 신화가 계시하는 소명과 문화 코
드가 지금의 기업문화를 만든 원인이었죠. 신과 인간의 이항 대
립 구조를 인식 틀로 하는 '숲의 천사단'의 신화는 그들만의 강
한 응집력을 형성했고, '침입자로부터 숲을 보호한다'는 소명과
보호/독점/보존이라는 문화 코드가 외부 세계와의 교류를 막고
폐쇄적인 문화를 만들어가고 있었죠. 그러나 ONF 역시 인도-
유럽 문화의 직접적인 영향 아래서 삼분할 기능 구조에 의해 움
직이고 있었습니다. 유럽의 기업들이 유교문화에 의해 움직일
리는 없잖아요? 내부에는 전사영업-생산자목재 생산-성직자/학자
관리자 기능을 하는 사람들이 있었습니다. 뒤메질이 얘기한 바와
같이, 그리고 우리가 보아왔던 바처럼, 어떤 기능 구조가 적용되
던지간에 중요한 것은 '조화'였습니다. 특히 각 기능에 해당하
는 사람들은 그 기능에 합당한 규범을 내면화하고 있어야 한다
는 게 핵심이었죠. 그런데 그 신화는 (그리고 이 신화를 낳은 사
람들의 의식 구조는) '숲을 아는 자=숲에 대한 지식이 있는 우
리 vs 숲은 모르는 자=숲에 대한 지식이 없는 자'의 대립 구조를
축으로 하고 있었죠. 지식의 유무를 기반으로 한 대립 구조는 그
들로 하여금 학자/성직자의 규범을 내면화하게 했습니다. 즉, 전

사 역할을 하고 생산자의 역할을 해야 하는 사람들 역시 학자의 규범을 갖게 된 것입니다. 조직도나 가치 사슬과 같은 '보이는 영역'에서는 이게 다 구분이 되어 있지만, 기능 구조라는 '보이지 않는 영역'에서는 완전히 학자들의 세상이 펼쳐져 있었던 거죠. 게다가 10여 년간 진행한 경영 혁신 작업과 우수한 '브레인'인 관리자들을 영입한 작업은 오히려 성직자/학자의 규범이 절대적으로 우위에 서게 만들어버렸습니다.

자, 이제 두 회사의 예를 들어 기능 구조가 어떻게 변화되어왔는지, 그리고 그에 따라 규범은 어떻게 변화해야 하는지를 신화의 분석, 변형 과정과 함께 더 알아보겠습니다.

기업문화의 토폴로지 : 가치 사슬과 기능 구조

그전에 잠깐. 좀 복잡한 얘기지만, 한 말씀 꼭 더 드리고 싶습니다. 지금까지의 논의를 종합해볼 때, 저는 기능 구조에 관련한 이론을 기업문화의 토폴로지topology, 위상학라 부르겠습니다. 토폴로지라는 학문까지 우리가 자세히 알 필요는 없겠습니다만, 이에 대해 설명하는 과정에서 저 스스로와 여러분들의 '이해의 시간'을 도울 수 있을 것 같아 한 번 시도해보겠습니다.

토폴로지는 원래 수학이나 기하학에서 주로 쓰이는 개념인데요, 위상학으로 번역되기도 합니다. 위상학은 삼각형, 사각형처럼 눈으로 보이는 구체적인 공간이나 도형을 대상으로 하는 게 아니라, 그것을 끌어당기고 펴거나 해서 변형을 가해도 변하지 않는 어떤 성질을 조사하는 학문입니다. 이 토폴로지라는 개념이 말이죠, 참 '어려우면서도 쉽습니다.' 과학의 눈으로 보면 도대체 잘 이해가 안 가는데, 신화 혹은 상징이나 예술의 눈으로 보면 쉽거든요.

〈트랜스포머〉라는 영화 혹시 보셨나요? 자동차가 로봇이 되고 로봇이 자동차로 변신하고 그러잖아요? 자동차와 로봇은 겉으로 보기에 분명히 서로 '다른 물체'입니다. 하지만 이 영화에서 자동차와 로봇은 '같은 존재'입니다. 로봇이었다가 자동차로 바뀌어도 옵티머스는 옵티머스인 거죠. 로봇일 때의 옵티머스를 구성하는 성질과 자동차일 때의 그를 구성하는 성질은 같기 때문입니다. 로봇일 때의 몸이 그대로 막 구겨지고 접혀서 자동차가 되는 거죠. 바로 이럴 때 우리는 '위상에 아무런 변화가 없다'라고 말할 수 있습니다. 마찬가지 의미에서 앞에서 우리가 보았던 뫼비우스의 띠와 에셔의 〈상대성〉 속 계단도 토폴로지로 보면 같은 구조입니다.[70]

---

[70] 사실 저는 지금 topology와 phase의 개념을 혼용하고 있습니다. 수학, 물리학에서는 둘 다 위상으로 번역되는데요, 문화의 기능 구조의 측면에서는 오히려 이를 혼용하는 것이 더 실용적이라 생각합니다.

자동차가 로봇이 되는 것은, 기업의 조직도에서 부서나 팀 구조를 바꾸는 것과 같습니다. 팀이나 사업부 등등은 상황에 따라 자주 바뀔 수 있겠죠. 겉모양은 분명히 바뀌었습니다.

　　하지만 그들의 기능은 바뀌지 않았습니다. 예컨대, 영업만 전담하는 조직을 해체하여 각 브랜드별 조직에 배치하여 각 브랜드별 영업팀 조직 체계로 바꾸었다는 것은, 옵티머스가 자동차 모양에서 로봇 모양으로 바뀐 것과 같다고 할 수 있겠죠. 그렇다고 해서 그들이 기능 구조상 '전사'임은 변하지 않죠. 또한 생산팀, 생산효율성팀, 품질관리팀 등등은 경영 상황에 따라 얼마든지 바뀌겠지만, 이들이 '생산자'임은 바뀌지 않죠. 그런데 만일 '생산자의 기능' 전체를 아웃소싱 한다면, 그때는 기업 내부의 기능 구조에 근본적으로 변화가 생기는 것입니다. 같은 기능 구조에서 다른 기능 구조로 바뀌게 되는 것이죠. 삼각형을 만드는 고무줄을 끊어서 원이 될 수 없게 하면 위상 자체에 변화가 일어나듯이 말이죠.

　　굴러다니는 자동차가 걸어 다니는 로봇이 되었으니 하는 일도 바뀌었죠. 업무가 바뀐 것과 같습니다. 그러나 토폴로지의 관점에서 보자면, 아직 바뀐 것은 없습니다. 부서가 바뀌어도 자신의 기능에 적합한 규범을 갖지 않으면 바뀌지 않는 것과 같습니다.

　　앞에서도 잠깐 언급했듯이 기능 구조라는 열쇠를 보고 경영학에서의 가치 사슬 이론을 떠올리는 분이 있을지도 모르겠습니다. 이 둘은 밀접한 관계가 있으면서도 서로 다릅니다. 차지하고 있는 장소topos 혹은 위상phase이 다르다고 할 수 있겠네요. 마이클 포터Michael Porter의 가치 사슬 이론은 기업에서 수익을 가져오는 '부가가치'가 어떠한 과정을 거쳐 생산되는가를 꼼꼼하게 정리합니다. 여기서 중심이 되는 것은, 문화와 관계된 '규범'의 이동이 아니라 경영과 관계된 '부가가치'의 이동입니다. 그러므로 생산과 마케팅, 판매 등을 모두 총괄하는 경영전략을 고려할 때는 가치 사슬 이론은 매우 적합합니다. 그렇게 볼 때 가치의 흐름을 빠짐없이 관찰하여 각 사슬에 해당하는 전략을 짤 수가 있으니까요.

그러나 가치 사슬 이론은 기업에서 '보이지 않는' 부가가치의 이동을 본다는 측면에서 HR의 조직 체계보다는 무의식의 영역에 더 가깝습니다. 그렇기 때문에, 많은 기업들에서 이를 활용하여 효과를 보고 있겠죠. 그러나 이 역시 인간 마음의 이동보다는 이윤 창출을 위한 부가가치의 이동과 교환이라는 측면에서 과학적 사고가 엄밀히 작동해야 하는 영역에 속해 있다고 볼 수 있습니다. 기업문화를 고려할 때는 기능 구조로 보아야 합니다. 우리가 무의식/의식의 구조로 그려본 기업문화/경영활동의 관계에서, 경영활동 영역에 속하는 가치 사슬이 역시 일종의 가치의 흐름이라는 교환활동이죠을 움직이는 보이지 않는 힘은 무의식의 영역인 기능 구조로부터 나오기 때문에 그러합니다. 가치 사슬의 흐름상 아무런 문제점이 발견되지 않는데도 불구하고 계속 문제가 발생할 때에는 각 기능이 그에 해당하는 규범을 갖고 있는지, 기능에 해당하는 사람들이 적절한 가치 사슬에 배치되었는지를 고려해야 합니다. 경영에서의 가치 사슬을 보완하는 역할을 기능 구조가 한다고 결론내릴 수 있습니다. 기업문화는 이처럼 언제나 '근본적인 차원을 다루면서도' 언제나 '보완하고 보조하는' 역할을 수행합니다. 가치 사슬을 녹슬지 않게 원활히 (혹은 원활하지 않게) 굴리고 싶다면, 기능 구조 전체를 보아야만 하고 각 기능의 사람들이 적절한 규범을 갖고 있는지를 보아야 합니다.

이처럼 기업을 토폴로지에 따라 본다는 것은 심층의 무의식을 보는 일입니다. 아무리 조직을 바꾸고 팀을 바꾸어도 이 기능 구조에 대한 이해가 없다면 기업문화는 잘 변화하지 않습니다. 역으로, 경영전략상 조직을 바꾸고 팀을 바꾸려고 할 때에는 기능 구조를 함께 고려한다면 훨씬 효과가 있겠죠. 만일 어느 기업이 경영전략상 제조 중심에서 제조와 판매를 겸하는 형태의 사업 구조로 혁신하고자 한다면, 생산자 중심의 기능 구조에서 전사 중심의 기능 구조로 규범이 이동해야 합니다. 자, 이제 사례를 통해 기능 구조라는 세 번째 열쇠를 손에 꽉 쥐어봅시다.

기능 구조의 변화 사례 1 : 생산자에서 혁신적 학자로
—

한국 의류시장을 선도하며 성장한 회사가 있었습니다. 이 회사의 시작은 저 멀리 한국전쟁 때로 거슬러 올라갑니다. 한국전쟁 후 직물은 수입과 원조에 의존할 수밖에 없었습니다. 모든 것이 부족한 상황에서, 특히 '덮을 것'과 '입을 것'에 관계된 직물을 생산하며 사업을 시작한 회사였죠. 전 국민이 소비자가 될 수 있는 시대 상황에서 사업 기회를 직관적으로 간파한 창업자는 직물 생산의 꾸준한 산업화를 통해 값싸고 질 좋은 섬유를 많은 사람들에게 공급하여 크게 성공했습니다. 애국적인 동기가 또한 작용했습니다. '최대의 이윤을 내는 것' 자체가 창업자의 철학이자 회사의 소명이었고, 애초에 창업자는 '기업의 이윤 창출 = 애국'의 등식을 갖고 있었습니다. 이윤을 내지 못하는 것을 죄악으로 여기기까지 했죠. 이는 훗날 '그룹'의 문화를 결정짓는 핵심 유전자로 진화합니다. 이후 '돈이 되는' 사업은 분야를 가릴 것 없이 적극적으로 (그리고 전략적으로) 뛰어들어 큰 성공을 거두며 이 회사는 크게 성장할 수 있었죠. 이쯤에서 누군가 이런 말씀을 해주셔야 합니다. "아하, 애초에 제국주의 유형으로 출발한 회사군요?" 맞습니다. 이러한 기업문화 유형 첫 번째 열쇠가 기능 구조세 번째 열쇠에 직접적으로 영향을 주는데요, 어찌 그리 되었는지 볼까요?

이 회사는 1960~70년대에도 꾸준한 성장을 거듭합니다. 직물 사업을 넘어 의류 사업으로 확장합니다. 여성복과 남성복에서 계속해서 성공을 거두고 교복 시장에 뛰어들어 전국의 학생정확히 말하면 학교을 고객으로 만들기도 했죠. 까만 교복을 입고 다니던 그때 말이죠. 말 그대로 '찍어내면 팔리는' 시대였습니다. 생산은 곧 판매를 의미했죠. 기능 구조상 생산자가 대다수를 차지했고, 생산자의 규범이 지배적이 됩니다. 우리가 흔히 얘기하곤 하는 '제조업 마인드'가 전체 회사의 중심에 자리 잡게 되었습니다. '파는' 건 '찍어내는' 기능의 종속 변수였으니 전사 기능은 별로 중시되지 않았겠죠.

1980년 초에 기성복 시장에 본격적으로 진출하며 회사는 더욱 성장합니다. 이 회사가 소속된 그룹 차원의 기업 집단이 이미 형성된 시기였죠. 수트당시에는 양장이라고 했죠?는 성인 남성의 '교복'이나 다름없었고, 여성복 역시 패션이라기보다는 일종의 유니폼이었죠. 디자인이나 개성보다는 '합리적인 가격에 품질 좋은 옷을 만들어 효율적으로 공급하는 시스템'이 더욱 중시됩니다. 이를 위해 '그룹'에서 유능한 관리자들이 파견되기 시작합니다. 이들의 목적은 효율적 관리로 생산성을 증대하는 것이었죠.

이들은 기능 구조상 '학자'입니다. 서서히 학자들이 생산자들의 우위에 서게 됩니다. 기능 사이에 위계가 만들어지기 시작한 거죠. 시간이 지나면서 위계는 공고화됩니다. 그 근본적인 이유는 기업문화의 유형과 관련이 있습니다. 이 회사는 애초에 제국주의 유형의 기업문화를 갖고 탄생했다고 했죠? 이윤 추구 자체가 회사의 존재 이유였던 거죠. 시스템 중심의 경영이 되지 않던 그전 시대와는 다르게 '과학적인 관리'를 통해 최대의 효율성을 내는 집단이 출현하게 된 겁니다. 제국주의의 존재 이유를 충족할 수 있는 기능 집단이 이제 본격적으로 형성되었고, 이들은 문화적으로 '귀족'이 될 수밖에 없었죠. 여기에 사농공상의 유교문화까지 더해져서 학자 기능 집단이 상단에 위치하는 위계 구조가 만들어집니다.

그러나 문화의 힘이란 그리 만만한 게 아닙니다. 위에서 보았듯이 오랜 세월 동안 생산자의 규범이 마치 공기처럼 문화를 지배하고 있었죠. 위계상으로는 학자 집단이 피라미드의 상위에 있었지만 이들 역시 생산자의 규범을 내면화할 수밖에 없었습니다. 회사의 대부분 사람들이 생산 중심의 마인드를 가지고 있었다고 바꿔 말할 수 있겠습니다.

1990년대에 접어들어 경영고도화 작업을 계속 진행하고 그룹 차원의 합병을 통해 새로운 인재들이 쏟아져 들어왔지만, 이렇게 고정된 기능 구조는 거의 그대로 유지되었고, 이에 기반을 둔 기업문화는 새로운 사람들마저 이 기능 구조에 동화되도록 하였습니다. 유능한 관리자들은 '귀족 학자'에 스스로를 동일시했고, 디자이너들을 포함한 생산자들은 '중간 계급'에, 그리고 세일즈에 종사하는 전사들은 '하층민'에 스스로를 위치시켰습니다. 그러나 생산 중심의 규범은 여전히 이 모든 기능에 스며들어 있었죠. 예컨대, 창의적인 디자인으로 유명한 패션 디자이너가 이 회사에 스카우트되어 왔어도 생산자의 규범을 내면화하여 평범한 (그러나 '많이 팔리는!') 옷을 디자인하게 되는 패턴이었던 거죠. 기업문화의 힘!

기능과 규범의 부조화라는 이러한 모순적 상황은 일종의 '정신분열'입니다. '나는 나인데, 왜 내가 아니지?' 이런 혼란이라고 할 수 있죠. 이러한 징후를 직관적으로 간파한 회사는 이를 통합합니다. 특히 학자들의 능력은 정말 대단해서, 생산과 영업의 효율적 '관리'를 통해 회사를 지속적으로 성장시켰고, 이러한 과정에서 '전체주의 유형'의 문화가 형성됩니다.

전체주의라고 하니 무언가 안 좋아 보인다구요? 그렇지 않습니다. 기업문화는 언제나 '하늘을 나는 새의 눈'으로 보아야 한다고 다시 한 번 강조합니다. 제국주의 시스템으로 발전한 이 회사가 이윤의 극대화라는 소명을 달성해가는 과정에서 이러한 기능 구조로 '발전적으로 진화'한 것입니다. 그리고 기능 구조에 부조화가 생겼다는 사실도 알아차리고 이를 시스템으로 관리함으로써 현재의 경영에 가장 적합한 기업문화를 스스로 만든 것이죠. 이러한 기능 구조에 기반을 두고 최근까지도 큰 수익을 내며 성장해왔습니다.

그러나 기본적으로 무의식의 영역에서 분열 증상이 있는데, 의식의 영역을 다루는 논리를 통해 이를 봉합해놓은 상황이기에 언제든지 문제가 분출할 위험이 도사리고 있습니다. 휴화산에 비유할 수 있을까요? 회사의 성장이 더뎌지거나 내부 관리에 틈이 발생할 경우, 분열은 마그마처럼 터져 나올 수 있는 상태. 인재의 급격한 이탈이나, 구성원 간 커뮤니케이션의 저하, 나아가 노동자와 사용자 간의 반목도 예상할 수 있습니다. 사실 제국주의 유형으로 구분할 수 있는 이 회사는 어느 정도의 반목과 커뮤니케이션의 부조화는 늘 있었습니다. 이를 학자들이 효율적으로 관리하고 있었던 거죠. 사람들은 이를 어느 정도 알고 있었고, 그렇기에 학자들의 '귀족' 지위를 암묵적으로 인정하고 있었으나, 내면화한 생산자 규범과는 조화를 이루지 못하는 상황이었죠. 문화적 차원에서, 특히 기능 구조상에서 어쨌든 변화가 필요한 시점이었습니다.

2000년대로 접어들며 회사는 전략적 변화를 꾀했습니다. 의류를 넘어 '패션 브랜드'가 되기 위한 작업을 진행해왔고, 전략적으로 육성한 몇 개의 브랜드는 기존의 이미지를 바꾸며 한국을 대표하는 '준명품'의 대열에 들어섰습니다. 이러한 시도는 기존 기업문화의 '바깥'에서 일어난 일이었습니다. 즉, (완전하게는 아니지만) 생산자 중심의 규범을 벗어나고, 학자를 위계의 상단에 놓은 기능 구조에 해당하지 않는 영역에서 '별똥대'처럼 프로젝트를 수행했기에 가능한 일이라고 볼 수 있죠. 이제 이 브랜드들은 글로벌 브랜드로 한 단계 진화해야 할 시점에 놓였습니다.

남성 기성복 중심의 기존 시장은 여전히 큰 수익을 안겨주고 있지만 이제 어느 정도 임계점에 도달해 있습니다. 회사는 더 큰 잠재력을 가진 패션 시장으로 진출하는 전략을 구상하고 있었습니다. 패션 용어를 빌리자면, '쁘레타쁘르테prêt-a-porter와 오뜨꾸뛰르Haute Couture'의 결합이라고 할 수 있겠습니다.71 이를 위해선 디자이너의 창의성과 마케터의 시장 분석, 그리고 영업력이 좋은 조합을 이루어야 하죠. 관리자로서의 학자를 상위에 놓는 위계, 생산자 중심의 규범이 만들어낸 분열 증상은 어떻게든 치유해야 할 과제가 되었습니다. 더불어 이에 적합한 기업문화 전략을 가져가야겠죠. 기능 구조상의 '분열'을 봉합해놓은 상황에서 다시 제국주의 시스템으로 복귀하는 전략을 세울 수도 있고, 새로운 응집력을 만들어 기업가형 회사로 변환을 시도할 수도 있

71
세계 패션 산업의 역사는 오뜨꾸뛰르(디자이너 주문복) → 쁘레타쁘르테(기성복)의 방향으로 진화했습니다. 이러한 진화 과정이 있었기에 현재는 기성복 시장에서도 디자이너의 맹활약이 있어, 기성복 역시 오뜨꾸뛰르에 뒤지지 않죠. 자연 발생적으로 문화적 기능 구조가 진화했기에 경영상에서 어떤 결과로 드러난 것이죠. 기업문화와 경영활동은 이렇게 서로 영향을 주고받습니다. 이 회사의 경우 일반적 패션 산업의 진화 과정과는 다른 과정으로 발전했기에 기능 구조적인 변화를 시도할 필요가 있었습니다.

겠습니다. 후자의 경우에는 우리가 앞에서 보았던 '신화 변환' 작업신화+소명+문화 코드의 중요성이 더하겠죠. 그러나 이 두 가지 경우 모두 기능 구조상의 변화 방향은 거의 동일합니다. 전사-생산자-학자의 대칭성 회복! 덧붙이자면, 학자를 다시 두 그룹으로 나누는 것이 적절해 보입니다. '지원과 관리를 담당하는 보수적 학자' 그룹과 '창의성으로 전사들의 무기를 혁신하는 학자' 그룹으로 말이죠. 즉, 진정한 학자의 기능을 새롭게 해석하고자 하는 시도입니다. 현재 존재하는 그룹에 기능상 중요한 의미를 부여하려는 것이죠. 아래 그림처럼 정리할 수 있습니다.

회사의 뛰어난 경영진은 이를 간파하여 단계적으로 조직의 변화를 꾀했습니다. 즉, 대표적인 한 브랜드의 조직부터 실험적으로 위와 같은 기능 집단에 의한 조직 구조로 변화를 시도한 후, 그 결과를 검토하여 다른 브랜드와 조직으로 확장해가고자 하였습니다. 상호의존적으로 조직을 설계하고, 이에 따라 협업을 이끌어내며, 이 과정 속에서 스스로 자신의 기능에 적합한 규범을 만들어가며 진화하게끔 하는 전술이었죠. 그러나 조직 구조의 변화와 더불어 중요한 것은 기업문화의 변화임을 인식하고 있었기에, 세 기능이 '상호보완적으로 협업해야만 하는 근본적인 이유', 즉 소명을 다시 찾고 공통의 문화 코드를 심는 작업을 병행했습니다. 두 번째 열쇠와 세 번째 열쇠는 떨어질 수 없는 것임

지원과 관리의 보수적 학자	창의와 혁신의 학자	전사	생산자
인사, 재무, 교육 인적, 경제적 자원의 효율적 지원과 배분	**디자인, 마케팅, 전략** 전사들의 무기를 혁신, 회사의 업을 수호	Sales, Visual Merchandising, **프로모션** 재화의 획득과 가치의 전파	Sourcing 최고 품질의 무기를 적기에 배송

을 경영진은 알고 있었던 거죠. 특히 패션에 대한 열정과 회사에 대한 애정이 살아 있는 조직이었기에 가능한 전략적 선택이기도 하였습니다. 서구의 패션 기업과는 완전히 다른 기능 구조상의 진화를 보여온 이 회사에서, 미래 패션 사업의 대안적인 구조가 그려질지 기대됩니다.

기능 구조의 변화 사례 2 : 학자에서 전사로

이제 저와 컬처 트랜스포머Culture Transformer 팀이 함께한 작업 중 기능 구조와 관련하여 꽤 흥미로운 사례 하나를 소개하고자 합니다. 아모레퍼시픽의 뷰레이터Beaurator라는 조직입니다. 길지 않은 작업이었지만 저의 심장과 뇌에 많은 울림을 주었던 기회였습니다. 뷰레이터와 경영진께 존경과 감사를 표하는 뜻에서 이번 오디세이의 마지막을 이들의 이야기로 장식하고자 합니다.

아모레퍼시픽에는 화장품 인적 판매 조직이 둘 있습니다. 일종의 방문판매를 하는 사람들이라고 할 수 있죠. 하나는 '그 유명한' 아모레 카운셀러고, 또 하나는 뷰레이터입니다. 겉으로 보기에 영업 방식에서는 둘 사이에 큰 차이가 없습니다. 다른 점을 찾자면, 에스테라피Estheraphy 사업 형태 안에 있던 뷰레이터 조직은, 그 이름Esthetic+Therapy에서 보이는 것처럼, 에스테틱72 서비스를 겸하고 있다는 점, 취급하는 브랜드가 다르다는 점, 그리고 회사 직영 체제 중심이냐후자 민영 대리점 중심이냐전자의 차이였죠.

둘 다 기능 구조상으로는 전사를 중심으로 하는 조직이었습니다. 영업에 종사하는 사람들로 이루어진 집단이니까요. 그런데 뷰레이터 조직의 진화 과정에서는 기능 구조상에서 극적인 변화가 있었습니다.

역사적으로 에스테라피 사업의 기원은 1990년대 중반으로 거슬러 올라갑니다. 당시 아모레퍼시픽에는 프랑스 공장에서 프랑스의 기술로 생산하여 판매되고 있던 '리리코스'라는 브랜드가 있었습니다. 지중해의 바다가 가진 치유력을 화장품 안에 담으려는 시도 끝에 탄생한 브랜드였죠. 유럽에서 생산했지만 아모레퍼시픽 자체에 무의식처럼 흐르는 유전자가 '아시안 뷰티'적인 철학을 품고 있던지라, 오히려 아시아인의 피부에 굉장히 잘 맞는다는 사실을 알게 되었고, 이를 한국으로 다시 들여옵니다. '치유와 재생의 힘'이라는 브랜드 특성상, 전문적인 카운셀링을 통한 판매가 필요하다고 인식했고, 더불어 마사지 등의 서비스와 함께할 때 더욱 효과가 있었기에 에스테틱 서비스를 같이 기획했습니다. 그리하여 '고객을 직접 방문하여 전문 카운셀링과

72

에스테틱은 '마사지 등의 피부 관리 서비스'를 통칭하는 말입니다. 특정 신화 집단 내에서만 의미를 갖는 용어입니다.

함께 판매하는' 조직인 뷰레이터가 탄생하게 되었습니다.

기능 구조와 연관하여 우리가 주목할 점은 그 조직의 '직급 체계'입니다. 요약하자면, 판매량과 판매원의 수가 늘어나면 승진하는 체제인데요, 상위 직급자로 승진하면 '판매를 하지 않고 관리만 해도 어느 정도 수익이 발생하는' 형태였습니다. 판매자에서 관리자가 되는 것이 '위로 올라가는' 형태였던 거죠. 다시 말하면 판매자는 하위 직급, 관리자는 상위 직급이었고, 상위 직급인 관리자가 더 많은 수익을 올리고 사회적 지위도 높은 구조였습니다. 실제로 큰 수입을 올리면서 자신의 독립 사무실까지 갖고 있던 상급자들도 있었으니까요. 마치 회사의 임원처럼요.

새로운 브랜드와 새로운 에스테틱 서비스, 그리고 전사들인 뷰레이터의 공격적인 영업으로 사업은 급속하게 성장합니다. 수입량이 달려 팔지 못하는 지경에까지 다다랐고, 뷰레이터들도 큰 수익을 올렸습니다. 그런데 그 안에는 보이지 않는 함정이 도사리고 있었습니다. 바로 직급 체계였습니다. 판매를 잘 하면 위로 올라가 관리자가 되어 더 큰 수익을 올리는 체계다 보니, '스스로 물건을 구입해 판매량을 늘리는 상황'이 곳곳에 잠재해 있던 것입니다. 좀 시간이 지난 다음에 판매를 해도 되니, 일단 '위로 올라가고 보자'는 식이었죠. 단지 수익적인 측면만 작용했던 게 아니었습니다. 문화적인 측면, 즉 '사람들에게 어떻게 보여지느냐'가 굉장히 큰 요인으로 작용했습니다. 전문가 집단을 양성하는 전략을 취하면서 '사회적 지위'가 사람들을 움직이는 굉장히 큰 동인이 되었고, 주요 고객층이 이른바 '상류층' 혹은 '전문직 여성'이던 점도 '보여지는 지위'라는 걸 중시하는 문화가 만들어진 데 기여했다고 할 수 있죠. 결국 '사회적 지위를 높이기 위해' 물건을 쌓아놓는 상황이 점차 늘어납니다.

그런 와중에 이른바 '카드 대란'이 발생합니다. 고객들은 급격하게 소비를 줄었고, 무엇보다 카드로 사서 제품을 쌓아놓은 뷰레이터들은 큰 타격을 입었죠. 판매자들의 수익이 발생하지 않으니, '위에 있는 관리자층' 역시 무너지게 됩니다. 매출은 더 이상 발생하지 않고, 조직은 와해되기 시작합니다.

회사는 사업 구조를 혁신합니다. 앞에서 보았듯이 아모레퍼시픽에는 혁신이라는 유전자가 있었기에 자동적으로 그렇게 할 수밖에 없었죠. 무엇보다 영업 구조를 바꾸는 데 중점을 둡니다. 주요 문제가 직급 체계에 있다는 걸 안 거죠. 판매자가 관리자로 승진하는 구조를 바꿉니다. 한 명의 관리자 말고는 모두 판매자인 구조로 혁신했습니다. 직급이 올라가더라도 그 사람의 역할은 관리자가 아니라 판매자입니다. 다만 상위의 판매자는 새로운 판매자들을 모집하고 양성하는 부분에 대한 인센티브를 추가로 받게 되었죠. 또한 '단 한 명의 관리자' 역시 '가장 훌륭한 판매자'가 맡게 되었죠. 앞에서 보았던 '칭기즈칸의 전사 조직' 기억나시나요? 가장 훌륭한 전사가 수장을 맡는 위계 구조. 바로 그 구조로 전환했던 것입니다. 이와 더불어 브랜드 혁신, 서비스 혁신을 단행하여 사업은 다시 본 궤도에 접어듭니다.

기능 구조라는 엑스레이로 이 과정을 다시 들여다봅시다. 사업 초기에는 학자와 전사, 그리고 생산자 사이의 문화적 위계가 강한 구조였다는 것을 직감하셨을 겁니다. 판매를 담당하는 전사들이 위로 올라가면 관리를 맡는 학자가 되는 구조였죠? 여기에 '보여지는 사회적 지위'가 중시되는 문화 코드가 결합하여 학자는 일종의 '귀족'이 되었고 전사는 그 밑의 '평민'이 되는 메커니즘이죠. 에스테틱 서비스를 담당한 '생산자'는 '평민보다 낮은 존재'였고요. 그러다 보니, 그들이 존재하는 이유, 즉 소명은 점차 잊혔습니다. 고객에게 '치유의 힘을 가진 브랜드와 서비스를 제공하는 것'이 주목적이 아니라 '위로 올라가는 것' 자체가 일을 하는 이유가 되어버린 거죠. 더불어 공동의 행동 기준도 상실합니다. 비윤리가 정당화되었습니다. 약육강식의 사회가 되어버렸죠. 이윤 추구와 권력 획득이 목적이 되었으니까요. 기능 구조의 힘이 그렇게 만든 겁니다.

그러나 기업문화를 다룰 때 가치 판단은 금물입니다. 사실 이러한 기능 구조를 가진 조직으로도 사업은 아주 잘 될 수 있었습니다. 앞에서 보았듯이 유교 사회가 오래 유지되는 것처럼요. 게다가 크게 성장했잖아요? 그런데 말이죠, 조선이 제국주의 앞에서의 개방이라는 환경 변화를 맞았던 것과 같이, '카드 대란'이라는 경영 환경의 변화를 맞게 되니, 그때까지의 기능 구조로는 버틸 수 없었습니다. 그러므로 '칭기즈칸의 몽골' 기능 구조로 변환한 회사의 선택은 참으로 옳았습니다. 이 구조에서는 모두가 전사로서 정당성을 가지게 됩니다. 또 중요한 것은 수장 역시 '귀족으로서의 전사'였다는 점입니다. '보고 보여지는 것'이 중요한 문화 코드인 조직에서 '많은 사람들의 귀감이 되는 존재'가 전사라는 사실은, 전사로서 자신의 기능에 대한 문화적인 정당성을 부여해줄 수 있기 때문입니다.

기능 구조는 어느 정도 정비되었습니다. 그러나 문화의 패턴은 강력한 것이어서, 보다 확실하게 전략에 적합한 문화를 구축할 필요가 있었습니다. 여기에서 중요한 것은 이 조직에게 기능의 정당성을 부여하는 새로운 신화와 소명, 그리고 문화 코드를 심는 작업으로 결론 내리게 되었습니다. 이렇게 뷰레이터의 신화는 다시 쓰였습니다.

뷰레이터[73]의 신화 the story of Beauty Creator[74]

미의 개화

미美가 활짝 꽃폈던 시기가 있었습니다. 1970년대에서 1980년대였습니다. 이 시대 한국의 여성들은 자신의 아름다움을 재발견했습니다. '우리만의 아름다움으로 세계와 소통하겠다'는 꿈을 꾼 한 회사가 있었기 때문이죠. 지금은 아모레퍼시픽이라 불리는 그 회사의 이름은 태평양이었습니다. 후에 많은 사람들은 그들을 미의 선구자라 불렀습니다.

변화의 시대

그러나 아름다움의 시대가 변하고 있었습니다. 경제가 성장하고 해외여행이 자유로워지면서 화장품 시장이 개방되었고, 또 다른 세계가 한국에 소개되었습니다. 화려하고 고급스런 서구의 화장품이 서구 여인의 자태와 더불어 퍼져나갔습니다. 우물을 벗어난 개구리가 우물에 만족할 수는 없었죠. 여성들의 수준은 높아져갔습니다. 하지만 한국의 화장품 시장은 그에 한참 못 미쳤습니다. 방문판매에서도, 소매점에서도, 심지어 백화점에서도 고객들은 실망을 안고 돌아갈 수밖에 없었습니다. 그 실망의 빈자리를 서구의 브랜드들이 차지해갔습니다. 그러나 그들의 화려함과 고급스러움 뒤

73
뷰레이터Beaurator는 Beauty와 Creator의 합성어입니다. 2009년 초, 저는 해당 사업부의 의뢰를 받고서 이 조직에 대한 조직문화 컨설팅을 진행했습니다. 유형상 전형적인 '기업가형'으로 분석되었는데요, 여기서 '전형적인'이라는 말을 붙인 데는 이유가 있습니다. 《기업문화 오디세이 1》에서 말했듯 '기업가형'은 서구 유럽의 자본주의 문화와 깊은 연관이 있는데 (단지 유형 분류상의 기업가형을 넘어) 바로 그 '서구 유럽적인' 조직문화였기 때문이었습니다. 우리나라에서는 드문 조직문화죠. 정체성의 형성 방식 또한 서구의 그것과 유사했습니다. '타자의 욕망을 욕망하는 방식'이랄까요? 여기서 소개되는 신화는 변환하여 이야기 구조로 다시 정리한 신화이지만, 애초에 사람들에게 이런 극적인 신화가 광범위하게 내재되어 있었습니다. 뷰레이터의 조직문화는 상당히 흥미로운 시사점을 줍니다.

74
ⓒ아모레퍼시픽

에도 채워지지 못하는 무언가가 있었습니다. 우리 여성의 피부를 위한 것이 아니었기 때문이었고, 아시아 여성들에 대한 이해가 부족했기 때문이었습니다. 무엇보다 미에 대한 철학이 우리 여성을 위한 것이 아니었습니다.

바다를 건너 바다를 담은

아모레퍼시픽이 이 '채워지지 못한 아름다움에 대한 고객의 요구'에 답해야 하는 의무가 있었습니다. 그것은 회사가 부여받은 소명이었기 때문입니다. 단지 고급스런 명품이 아니라, 기존 화장품과는 근본적으로 다른 원료, 화장법, 서비스를 찾아야 했습니다. 화장품의 본고장으로 갔습니다. 프랑스로 갔습니다. 그러고는 아예 프랑스 현지에 공장을 세우고, 현지의 최고 전문가들과 함께 연구에 연구를 거듭했습니다. 그리고 마침내 우리 여성들을 위한 최고의 브랜드가 탄생했습니다. 그 이름은 리리코스였습니다.

세상 누구도 가보지 못한 심해에 바다의 생명력이 숨 쉬고 있었습니다. 지중해의 해양 심층수야말로 우리 여성들의 피부에 채워지지 못한 무언가를 줄 수 있다고 믿었습니다. 식물보다 더 자연적이고, 자연보다 더 깨끗하고, 인간보다 더 인체에 가까운 성분을 담은 바다였습니다. 프랑스의 선진 기술과 우리나라의 최고 기술로 우리 여성들을 위해 세계에서 단 하나밖에 없는 브랜드를 만들었습니다. 피부 타입별로 맞춤화한 화장품이었고, 그 효과를 극대화하기 위한 마사지 법도 같이 개발했습니다. 그리고 마침내 다시 바다를 건너 한국 땅에 발을 디뎠습니다.

뷰티의 창조자

그러나 한국에는 이 모든 것이 생소할 수밖에 없었습니다. 원료와 기술, 철학이 모두 처음이었습니다. 게다가 우리나라 최초로 '피부 타입별 맞춤 카운셀링'이 필요한 브랜드였기에 이 가치를 제대로 전달할 사람들, 이에 걸맞은 서비스를 할 전문적인 능력을 갖춘 사람들이 꼭 필요했습니다. 사람들을 모았습니다. 새로운 교육을 받고, 새로운 판매와 서비스, 카운셀링을 익혔습니다. 지금까지는 존재하지 않던 새로운 뷰티를 창조하는 사람들이었습니다. 미의 창조자, '뷰티 크리에이터'였습니다. 그들은 어느새 '뷰레이터'라 불립니다.

대성공이었습니다. 여성들은 기뻐했고, 고객들은 환호했습니다. 리리코스와 뷰레이터가 만난 결과였습니다. '전문 브랜드에 대한 기쁨'과 '전문 에스테틱 서비스에 대한 기쁨', 그리고 '전문 카운셀링에 대한 기쁨'. 이 세 가지가 삼위일체가 되어 이룬 결과였습니다. 뷰레이터들은 각자의 전문적인 능력을 발휘했을 뿐만 아니라 동료 여성들에게도 꿈과 비전을 주었으며, 무엇보다 고객에게 한 차원 높아진 미의 가치를 제공했습니다. 많은 여성들이 뷰레이터가 되기 위해 모여들었습니다.

짧은 영화

그러나 무언가 이상했습니다. 언제부턴가 브랜드, 서비스, 카운셀링의 삼위일체가 기울어지기 시작했습니다. 고객의 반응이 무척 좋다 보니 카운셀링 없이 브랜드만으로 판매되었습니다. 게다가 브랜드가 사라지고 마사지 서비스만으로 고객을 만났습니다. 결국 고객을 만나지 않아도 고객을 몰라도 직급만 올라가면 되었습니다. 고객의 자리는 사라져버렸습니다. 회사는 이를 알면서도 스스로 눈을 가렸고, 결국 뷰티의 창조자라는 이름이 발하던 빛이 꺼져버렸습니다.

리리코스와 뷰레이터가 만들어가고자 했던 미의 세계, 그것은 단 몇 년 간의 영화를 뒤로하고 한때의 꿈처럼 그렇게 사라져갔습니다.

에스테라피의 날갯짓

꿈을 포기하지 않은 뷰레이터들이 있었습니다. 이들이 있어서 회사 역시 꿈을 포기할 수 없었습니다. 걸음마부터 다시 딛기로 했습니다. 삼위일체가 기울어질 때 이 사업이 무너졌음을 이들은 알았습니다. 기능, 서비스, 카운셀링/판매가 모두 제 기능을 다해야만 했죠. 아모레퍼시픽이 바다와 물의 치유력을 담은 브랜드를 창조하고, 마사지 서비스는 전문 에스테틱에서 담당하고, 전문적인 판매와 카운셀링, 그리고 고객과의 약속은 뷰레이터가 만들어가기로 했습니다. 그리고 그들이 진정 만들고자 했던 미의 세계는 무엇이었나 다시 찾아보았습니다. "근본적인 치유, 테라피를 통한 아름다움"이었습니다. 다른 사람이 아닌 그들만이 세상에 줄 수 있는 것이었습니다. 그리하여 마침내 '에스테라피'라는 이름으로 다시 태어났습니다.

다시 떼는 걸음이 더 어려운 법입니다. '브랜드', '서비스', '카운셀링과 판매'. 이 세 가지 모두 한 뼘씩 성장해야 했습니다. 그들을 잊지 않고 기다려준 고객들의 얼굴을 하나하나 기억했기에 꼭 이루어야 했습니다. 이제 더 많은 고객들이 그들을 통해 아름다움의 꿈을 이룰 수 있게 해야 했습니다. 고객에게 한 차원 높은 아름다움의 가치를 제공하는 뷰티 전문가로 성장하고, 고객과 가족에게 본보기가 될 수 있는 성공한 여성으로 성장해야 했습니다. 무엇보다, 다른 뷰티 종사자들은 결코 제공할 수 없는 탁월한 가치로 고객 본래의 아름다움과 자신감을 찾아줄 수 있는 사람이 되어야 했습니다. 그들은 그렇게 한 걸음 한 걸음을 다시 디뎠고, 또 내딛고 있습니다.

고객의 뷰티 re-크리에이터

뷰레이터는 이제 새로운 도약을 준비합니다. 리리코스의 바다는 더욱 신비한 치유력을 머금었습니다. 뷰티 푸드가 몸의 근본적 치유를 돕습니다. 아모레퍼시픽의 마케팅, 생산, 물류, 영업 모두가 뷰레이터를 위해 팔을 걷었습니다. 그것이 고객을 위한 길임을 압니다. 뷰레이터는 사람들이 가진 아름다움에 대한 숨겨진 고민과 바람까지 찾아내는 사람이기 때문입니다. 또한 고객의 미를 치유하고 재창조하는 사람이기 때문입니다. 그리하여 더 많은 사람들이 더욱 자신감을 갖고 삶의 기쁨을 누리게 하는 사람이, 바로 뷰레이터이기 때문입니다. 탁월한 실력으로, 진실한 마음으로, 언제나 즐거움으로, 더 높은 성취감으로 삶을 재창조하는 사람들, 그 이름이 바로 뷰레이터입니다.

삼위일체의 경영

——

이 신화의 주인공은 뷰레이터입니다. 미용과 판매, 서비스 모두에서 굉장한 실력을 갖추어야 하는 여성 전문직으로 설정했죠. 모든 신화의 주인공은 '대립되는 항의 매개자'라고 했죠? 사실 이 신화를 만들면서 레비스트로스의 이론을 아주 충실하게 적용했습니다. 인간의 신화적 사고는 두 개의 대립되는 항이 있으면 이를 변증법적으로 통합하기 위해 제3의 매개항을 출현시킨다!

이 신화에서는 '삼위일체'라는 표현으로 이를 나타냈습니다. 브랜드리리코스와 서비스에스테틱으로 대변되는 두 항이 있습니다. 그런데 하필 리리코스라는 브랜드는 반대항이라 할 수 있는 에스테틱

뷰레이터의 신화 분석

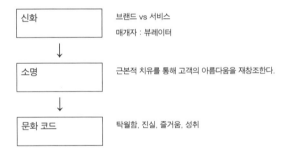

이야기 구조	주요 내용	테마
우주 창조 신화	미의 개화	숨은 신
기원 신화	변화의 시대	금기의 위반
	바다를 건너 바다를 담은	
	뷰티의 창조자	
종말과 죽음의 신화	짧은 영화	카오스의 도래
	(기능 구조의 붕괴)	인간의 타락
		저승 세계로의 하강
부활과 번영의 신화	에스테라피의 날갯짓	카오스의 살해
	고객의 뷰티 re-크리에이터	낙원의 도래

서비스와 결합해야 하는 상황이었죠. 중간에 매개자가 있어야지만 인간의 신화적 사고는 그 상황을 이해하고 받아들입니다. 그러므로 카운셀링이라는 매개항을 넣었고, 그것을 실현하는 존재로서 뷰레이터를 주인공으로 등장시킨 것이죠. 이들의 소명 역시 "(리리코스와 에스테틱 서비스를 결합하여) 사람들의 미를 재창조한다"가 되었네요. 리리코스라는 브랜드가 가진 '바다의 치유력'과 에스테틱 서비스 자체가 가진 속성인 '치유력'을 결합하여, 고객들의 아름다움이라는 '삶을 재창조'하는 소명을 부여받게 된 것입니다.

이야기에서 보이듯이 이 세 기능의 삼위일체가 이루어질 때 회사는 성공했고, 그렇지 않을 때 회사는 무너질 뻔했습니다. '종말과 죽음의 신화'와 '부활과 번영의 신화'에 해당하는 내러티브 구조에 이를 담았죠.

말이 나온 김에 내러티브 구조도 좀 더 살펴볼까요? 우주 창조 신화는 '미의 개화'라는 첫째 단락에 해당합니다. '숨은 신' 테마를 썼습니다. 기본적으로 이 신화는 뷰레이터의 기원 신화인데, 뷰레이터라는 존재가 세상에 나오려면 그 전에 아모레퍼시픽이라는 '우주'가 존재해야만 하기 때문이죠. 뷰레이터는 아모레퍼시픽이라는 '우주'에 속해 있는 '세계'잖아요. 그러나 여기서 아모레퍼시픽은 후에 뷰레이터가 탄생할 기반이 되는 '우주'

를 만드는 역할에 그칩니다. 말 그대로 '숨은 신'이죠. 주인공은 뷰레이터니까요. 그러나 숨은 신이 창조한 것은 말 그대로 '우주'이기에 사람들의 인식에 절대적인 영향을 미칩니다. 이처럼 우주 창조 신화의 '숨은 신' 테마는 계열사나 하부 조직의 신화를 만들 때 적절히 활용할 수 있습니다.

두 번째 여행을 마치면서 이 신화를 소개해드리는 이유가 또 있습니다. 이 신화가 계시하는 또 다른 진리는, "신화적 사고를 깨뜨릴 때 기업문화도 무너진다"입니다. 자, 기업문화를 낳은 어머니―우리 안에 있는 신화적 사고에게 다시 말을 걸어볼까요? 신화적 사고의 중요한 성격은 균형 감각이었죠? 대립되는 두 항이 '동시에' '같이' 존재한다는 말은 어느 한쪽이 기울어지거나 사라져서는 안 된다는 말과도 같습니다. 하늘이 땅을 '삼켜도' 안 되고, 문화가 자연을 '집어삼켜도' 안 되고, 오빠가 여동생을 '먹어도' 안 되고, 해가 달을 '먹어서도' 안 되고……. 뭐 이런 식으로 말이죠. 실제로 수많은 신화들이 일식이나 월식을 근친상간과 연관시키고 있으며, 일식과 월식이 질병과 대규모 죽음을 초래한다고 합니다. 신화에서는 이를 주로 '먹는 행위'로 은유하여 설명하는 경우가 많아서 저도 그런 표현을 썼습니다. 한쪽이 한쪽을 '삼켜버리는' 행위를 신화적 사고는 극도로 경계하고 있

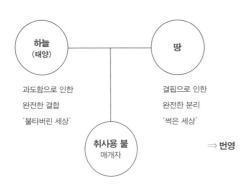

습니다.75 두 개의 항이 '동시에' '같이' 존재해야 하니까요. 인간의 신화적 사고는 '기업문화'와 '경영활동'을 동시에 같이 고려할 것을 원하고 있는데, 과학적 사고는 '경영활동'이 기업문화까지 '환원하여 먹으려'고 하지요.

세계의 많은 신화에서 '매개자'가 없을 경우에는 언제나 재앙이 뒤따릅니다. 예컨대, 보로로족, 셰렌테족, 중앙과 동부 제족 등의 신화에서 하늘태양과 땅 사이의 매개자는 취사용 불입니다. 매개자가 없이 하늘과 땅이 너무 가까워졌을 경우에는 세상은 불타버립니다. 또 매개자인 취사용 불이 없어 너무 멀어져버린 경우에는 음식을 익혀 먹지 못해 세상은 다 썩어버리죠. 이를 익숙한 도식으로 그리면 왼쪽 아래와 같습니다.76

또한 초식동물과 육식동물의 기원 신화에서는 썩은 고기를 먹는 동물을 등장시킴으로써 그 대립을 매개하고 있죠. 썩은 고기를 먹는 동물은 살아 있는 것을 죽이는 행위사냥는 하지 않으면서도 고기를 먹는 동물이니까요. 즉, 중간자적인 존재입니다. 이로부터 삶과 죽음의 대립, 농업과 전쟁의 논리적 모순됨을 하나하나 해결해갑니다. 이러한 신화의 예는 정말 부지기수입니다. 문자 문화권인도, 마야, 아즈텍, 이집트, 유대, 중국 등에서까지 모든 신화가 예외 없이 이렇게 구조화되어 있다고 말할 수 있을 정도입니다. 지금까지의 모든 논의를 이제 정리할 수 있겠습니다. 저는 이것을 '대칭적 경

75
클로드 레비스트로스 지음, 임봉길 옮김, 《신화학 1 – 날것과 익힌 것》, 한길사, 2005, 543~547쪽.

76
위의 책, 2005, 539쪽.

영의 공리'라 부르고 싶습니다.

1) 인간의 신화적 사고는 언제나 '질서 잡힌 상태'를 추구한다.

2) 그런데 신화적 사고는 과학적 사고와 마찬가지로 세상을 두 개의 항으로 나누어서 생각한다.

3) 그럼에도 질서를 추구하려다 보니 언제나 그 둘을 중개하는 제3의 항 – 매개자가 있어야만 한다. 왜? 질서 잡혀야 하고, 모든 대립이 해소되어야 하니까!

4) 그러므로 한쪽이 한쪽을 압도하거나 먹는 상태를 인간의 신화적 사고는 견디지 못한다.

5) 기업의 경영에서도 경영활동과 기업문화를 모두 고려해야 한다.

6) 또한 한 기능이 다른 기능을 '먹어버려도' 안 된다.

7) 그렇지 않을 경우, 구성원의 신화적 사고가 그 상황을 견디지 못할 것이고, 이는 경영에 문제를 초래한다.

어쩌면 '기업문화 오디세이' 역시 하나의 신화일지도 모르겠습니다. 그리고 이 신화는 여러분의 신화적 사고와 과학적 사고에 동시에 말을 걸고 있습니다. 그렇다면, 우리가 했던 방법과 똑같이 '기업문화 오디세이'라는 신화를 분석하여 그림으로 그

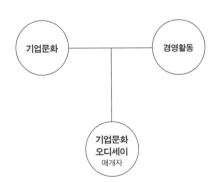

리면 왼쪽 아래와 같습니다.

 '미개인'의 가르침을 따라 다른 그림도 그려볼 수 있겠죠. 아래 그림입니다. 과도하거나 결핍되거나 결론은 하나입니다.

 '기업문화 오디세이'라는 신화에서 여러분은 매개자의 역할을 수행합니다. 우리가 가진 대전제는 '경영전략에 적합한 기업문화/기업문화를 고려한 경영전략'이니까요. 옳고 그름이 아니라 언제나 '적합함/적합하지 않음'이라는 문화의 상대성을 고려하니까요. 그렇다면 중요한 것은, 역시나 '기업문화를 보는 눈'일 것입니다. '경영을 보는 눈 – 경영이론과 시스템'은 너무나 잘 만들어져 있고, 훌륭히 기능하고 있으니까요.

 거듭 보았듯이, 기업문화는 다차원적인 상징으로 이루어졌기에 어느 하나의 척도로 측정하거나 환원하는 게 불가능합니다. 일부는 볼 수 있어도 전체는 '절대' 볼 수 없습니다. 그러하기에 '문화를 다루는 과학'으로 다루어야만 합니다.《기업문화 오디세이 1》의 여행을 시작하며 건너온 환원론의 늪은 언제고 우리 앞을 다시 가로막을 수 있기에 드리는 말씀입니다.

 앞에서 원근법에 따라 그린 그림을 보며 나눈 얘기, 기억하시나요? 다빈치가 하나의 소실점에 따라 모든 사물을 배치했던 것처럼 과학적 사고는 모든 걸 단일한 가치로 환원하려는 사고입

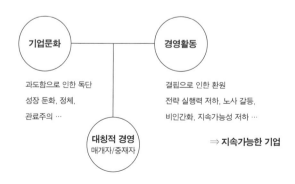

니다. 자본주의 경제 역시 화폐라는 단위로 모든 교환관계를 매개하고자 입을 벌리고 있고요. 경영에 관한 여러 이론들은 기본적으로 과학적 사고와 환원론에 기반을 두고 있다고 볼 수 있습니다. 오해는 마십시오. '나쁘다'는 것이 아니라 이 부분만 비대칭적으로 발달해 있다는 얘기이고 기업문화를 다룰 때에는 적합하지 않다는 말일 뿐입니다. 화폐 경제가 낳았고 화폐 경제를 위해 존재하는 학문이기 때문입니다. 화폐 경제 이전에는 재화의 교환도 상징적 행위로 이루어졌죠. 상징을 만들어내는 신화적 사고가 더 크게 작동하고 있던 것이죠. 재화는 사용가치만을 가지는 것이 아니라, 그 위에 어떤 인간적인 가치예컨대 사랑, 믿음, 존경 등가 몇 겹으로 덧씌워진 일종의 상징이었습니다.

　　인류학자 마르셀 모스는 인류학적 고증을 바탕으로 이러한 Exchange 관계를 '증여'라 이름 붙이고 '교환'과 구별했습니다. 즉, 사용가치로 환원되기 이전에는 마치 우리가 사랑하는 사람에게 선물을 주는 것과 같은 행위인 증여가 먼저 존재했는데, 이후에 사용가치만으로 환원되면서 교환 경제가 출현하게 되었다는 거죠. 우리가 신화를 분석했던 방법론으로 보자면, 증여와 교환은 '대립되는 두 항'입니다. 신화적 사고는 이때 신화의 주인공 '매개자'를 등장시키기 마련입니다. 그런데 이 경우에는 어떠한 상징적 매개항도 없이 교환이 증여를 꿀꺽 삼켜버리게 된 거죠. A증여=not A교환일 수 없으니, 둘 중 하나만 존재시키려는 과학적 사고가 작동한 겁니다. 이후 화폐가 출현하게 되면서 아예 교환되는 물건이 갖고 있는 물질성마저 사라져버렸죠. 보세요. 컴퓨터로 금융 거래가 이루어지는 금융자본주의 사회에서는 숫자가 지폐마저 꿀꺽 삼켜버렸죠. 해가 달을 먹듯이 말이죠.

화폐 경제에 기반을 두고 있는 경영학은 기본적으로 과학적 사고에 기반을 두고 있을 수밖에 없습니다. 환원하고, 환원한 기준에 따라 측정하고, 다시 분해하고 쪼개는 게 당연합니다. 그리고 경영학은 그래야만 합니다! 숫자와 측정 가능한 지표로 계산되어야만 효율성을 추구하며 기업이 성장할 수 있을 테니까요. 그러기 위해선 칼로 무를 자르듯이 경계를 딱 나누어야 합니다. A가 있고 not A가 있으면 둘 중 하나만 옳은 것이지, 두 항이 모두 공존하게 만드는 매개자는 존재하지 않습니다. 예컨대, 인사 시스템은 시스템 설계의 영역이고, 시스템에 따른 행동은 행동론의 영역이지, 그 둘을 이어주는 상호작용은 보지 않습니다. 사고 체계가 그러하니까요. 기능이 명확히 구분된 칼들이 열 맞춰 꽂혀 있는 스위스 아미 나이프 같은 거죠.[77]

신화적 사고는 이를 병적으로 경계했습니다. 일식과 월식은 질병을 초래한다는 신화의 상징적인 함의를 우린 보았죠. 아무리 칼로 무 자르듯 나누려고 해도 결코 나누어지지 않는 것이 호

---

[77] 인지고고학의 발견에 따르면, 현생 인류 이전의 네안데르탈인도 이러한 '스위스 아미 나이프' 식의 사고가 굉장히 발달했다고 합니다. 네안데르탈인의 도구 사용 능력이나 외부 현상에 대한 과학적인 대응 능력은 오히려 이후 신석기인보다 나으면 나았지 못할 게 없다고 합니다. 뇌 구조의 비약적 진화 이후에 현생 인류에게 발달된 능력은 다양한 영역을 넘나드는 사고이자 통합적 사고입니다. 즉, '우리 인간을 참으로 인간되게 하는 사고'는 오히려 과학적 사고가 아니라 신화적 사고입니다. 문화를 과학적 조직론으로'만' 다루고 인간을 인적자원으로'만' 다루려는 이론은 네안데르탈인의 도구적 사고에 가깝습니다. 사실 보통 사람, 즉 현생 인류의 '상식'으로 바라만 봐도 되는 건데 말이죠. '상징적 인간'에 관한 고고학적 논의는 《마음의 역사》(스티브 미슨 지음, 윤소영 옮김, 영림카디널, 2001)과 《대칭성 인류학》(나카자와 신이치 지음, 김옥희 옮김, 동아시아, 2005)에 흥미롭게 전개되어 있습니다.

모 심볼리쿠스라는 존재고, 그 존재가 만든 문화입니다. 기업문화는 신화적 사고와 과학적 사고의 상호작용에 의해 만들어졌고 만들어지고 있습니다. 때문에, 기업문화를 본다는 것은 언제나 매개되는 지점을 보려는 노력이기도 합니다. 한편으로는 '기업문화를 한다'는 행위 자체가, 경영학과 인문학의 매개자이고 '인적 자원'과 '사람'의 매개항이며, 환원과 독단의 중재자가 되고자 하는 몸부림이기도 하고요. 우리는 경영 이론이 날카로운 칼로 부드러운 무를 자를 때 그 칼이 닿는 지점에 대해서 따뜻한 시선을 보내려고 합니다. 또한 칼과 무의 대화에도 귀를 기울이며 그 관계를 보고자 합니다. 그뿐인가요? 잘려진 무 조각들을 다른 모양으로 다시 붙이는 마법도 부릴 줄 압니다. 잘리기 전과 '똑같되 전혀 다른' 존재로 부활시킵니다. 마치 신화처럼.

마지막 열쇠를 찾아서
—

이제 기업문화의 비밀을 푸는 열쇠는 모두 손에 넣었습니다. 기업문화의 유형이라는 첫 번째 열쇠로 우리 회사의 경영전략에는 어떤 기업문화가 적합한지, 지금의 기업문화는 경영전략에 적합한지 아닌지를 볼 수 있게 되었습니다. 현재의 기업문화를 낳은 기업 구성원의 신화는 무엇인지, 기업 구성원의 숨겨진 사고 구조와 그에 따른 문화 패턴은 어떠한지를 두 번째 열쇠로 열어보았습니다. 그리고 기업에 적합한 기능 구조는 무엇인지, 기능에 적합한 규범을 가지고 있는지에 대한 해답은 세 번째 열쇠가 제시해주었습니다.

마지막 네 번째 열쇠에서 세 열쇠는 드디어 하나가 될 것입니다. 기업문화에 대한 비밀을 풀었으니, 이제 변화를 시도해야 할 때죠. 일반적인 문화야 그냥 이해만 해도 되겠지만, 기업문화는 언제나 경영에 활용할 때만 의미가 있을 테니까요.

그러나 새로운 유전자를 집단의 무의식 속으로 다시 넣는 것은 그리 간단한 일은 아니겠죠. 물론, 문화라는 것이 원래 그러하듯이 시간이 지나면 어느 정도 변화는 이루어지겠지만, 우리는 경영의 장에서 기업문화를 하고 있기에 그 변화의 과정을 추적해야 하며, 그에 따라 발생하는 일련의 저항을 '과학적으로' 다루어야 합니다. 그러나 그 과학은 인간의 과학, 마음의 과학이어야 하고요.

변화는 언제나 '위로부터의 변화'입니다. 또한 케이크의 한 층을 잘라나가듯이 한 단면은 한꺼번에 통째로 변화를 시도해야 합니다. 이는 구조주의의 기본 전제입니다. 부분은 전체 속에서만 의미를 가지고, 전체는 부분과 부분의 '차이'의 체계입니다. 장기에서 졸 하나를 비숍으로 바꾸어도 결국 그 비숍은 졸의 역할을 해야 하는 것과 같은 이치입니다. 졸은 차가 아니니까 졸인 것이고요. 장기가 체스로 통째로 바뀌어야 하는 거죠. 즉, 경영자층 전체, 관리자층 전체, 중간관리자층 전체……. 이렇게 단계적으로 변화를 시도합니다.

이와 '동시에' 개인의 변화 관리를 '같이' 해야 합니다. 사람의 마음속에서 일어나는 변화의 단계를 추적해 들어가고 그에 적합한 방법으로 한 단계 한 단계 나아갈 수 있도록 도와줘야 합니다. 실연을 극복하는 데에도 시간이 걸리기 마련이잖아요? 그리고 마음속에서 여러 심리적인 변화를 겪을 테고요. 실연을 극복하고 새 짝을 만나기까지 옆에서 도와주는 것과 꼭 같습니다.

그리고 우리는 이미 신화의 변환 규칙과 신화의 내러티브를 만드는 방법, 그 안에 소명과 비전, 문화 코드와 기능 구조를 넣는 법까지 살펴보았습니다. 네 번째 열쇠 역시 이미 손에 넣고 시작하는 거나 다름없습니다.

사실 기업문화에 대한 분석을 마쳤으면 변화는 이미 시작되었다고 할 수 있습니다. 변화는 '응시의 순간'으로부터 시작되니까요. 신화로부터 사고 구조, 소명, 비전, 나아가 기능 구조까지, 기업문화에 숨겨진 비밀을 일단 보았지 않습니까? 비유하자면,

MRI 사진을 판독한 결과를 들은 겁니다. 뭐가 문제인지 보았으면 (처음엔 그 결과 자체를 부정하고 받아들이지 않을지도 모르겠지만 결국엔) 무언가 변화해야겠다는 생각을 할 수밖에 없지 않을까요? 물론 건강하다는 결과가 나온다면 더 바랄 게 없겠지만, 그래도 더 건강해지는 방법을 찾고 싶지 않을까요? 사실 병이라는 게 제대로 아는 것만으로도 절반은 치유된다고 하지요.

그렇습니다. 네 번째 열쇠는 비록 작지만, 그 열쇠를 돌리기 위해선 세 개의 열쇠 모두가 이미 자물쇠에 꽂혀 있어야만 합니다. 그리고 마치 미사일 버튼을 누르듯이 모두를 '동시에' '같이' 돌려야 합니다. 경영전략과 비전에 적합하게 유형을 설정해야 하고, 그에 따라 일관되게 신화와 소명, 문화 코드와 행동규범을 전략적으로 설정해야 하며, 또한 이와 다른 위상에서 다른 열쇠들과 겹쳐지면서 기능 구조와 기능 규범에 대한 변환을 고려해야 합니다. 이후 이를 다시 기업의 무의식 속으로 깊숙이 넣는 방법, 그것을 담당하는 것이 바로 네 번째 열쇠입니다. 다른 열쇠들이 없으면 네 번째 열쇠는 아무런 쓸모가 없습니다. 동시에 네 번째 열쇠가 없으면 환자가 단지 MRI 판독서와 처방전만 손에 들고 있는 꼴에 다름 아닙니다. 하나의 열쇠는 네 개의 열쇠고, 네 개의 열쇠는 하나의 열쇠입니다.

매트릭스의 끝,
매트릭스의
시작

"시작이 있는 곳에 끝이 있다."

매트릭스 시리즈 세 편을 모두 보신 분들에게 가장 궁금증을 불러일으
킨 대사가 아닐까 생각됩니다. 〈매트릭스 3 - 레볼루션〉의 마지막 혈
투에 종지부를 찍은 말이었죠. 무한 복제를 거듭하던 스미스는 마침내
네오마저도 복제해버립니다. 그러자 그 순간 무한대의 스미스'들'은
갑자기 하나하나 해체되기 시작합니다. 스미스가 되어버린 개인들은
복제 이전의 상태로 돌아옵니다.

아니, 이게 무슨 썰렁한 결말이랍니까? 네오가 싸워서 이긴 것도 아니
고, 그냥 싸움에 져서 복제되었을 뿐인데요. '시작이 있는 곳에 끝이
있다'는 말에 수수께끼의 답이 들어 있을 거란 짐작은 가는데 말이죠.
그렇다면 '끝이 된 시작'은 어느 장면이었을까요? 아이러니하게도 1
편의 마지막에서 네오가 스미스를 '먹어버린' 통쾌한 순간이었습니다.
네오가 '그'가 된 후에 벌어진 일이죠. '그' 또는 '구원자'라고 번역된
네오의 다른 이름은 The One입니다. 종교학에서라면 아마 '일자一者'

시작이 있는 곳에 끝이 있다

라고 번역했을 말입니다. 여기에 단서가 있습니다.

우리가 보아왔듯이 인류의 신화적 사고는 언제나 대칭성symmetry을 중시합니다. 대립되는 두 항 중 어느 한 쪽이 한 쪽을 '먹어버리는' 상황을 용납하지 않는 사고입니다. 스미스와 네오라는 두 대립항은 대칭적으로 '동시에' '같이' 존재해야만 했습니다. 오라클이 말하죠. '너(네오)와 스미스는 쌍둥이'라고. 스미스=네오! 불행의 씨앗은 오히려 네오에게 있었던 것입니다. 왜냐하면 그는 '일자一者'였기 때문이죠. The 'ONE'이 되어 '한쪽이 한쪽을 먹어버렸고' 그로 인해 대칭성이 파괴된 것이 모든 불행의 '시작'이었던 것입니다. 그러므로 '끝' 역시 스미스가 네오를 '먹어버렸을 때'가 되는 거죠. 엘리아데라면 아마도 여기서 '역逆의 합일合一'을 얘기했을 겁니다. 대칭성이 다시 회복되는 순간을 상징합니다.

오히려 네오를 구하고 세상을 구한 건 The One이 아니라 트리니티입니다. The One은 단지 '변이의 일종'이었을 뿐이죠. 그것도 여섯 번째의. 그러나 트리니티는 네오를 일깨웠고 그를 부활시켰으며 죽음으로써 그를 십자가 앞으로 인도합니다. 트리니티의 사전적 뜻은 '삼위일체'죠? 신약의 구조를 빌려 온 감독이야 당연히 트리니티라는 이름을 기독교에서 가져왔겠지만, 저는 해석의 깊이를 조금 더해봅니다. 매트릭스를 문화의 은유로 해석하고 있는 우리에게 트리니티는, 매개 항을 불러내어 두 대립항의 조화와 대칭성을 추구하는 인간의 신화적 사고를 상징합니다. 기업을 '구원'할 수 있는 존재는 어느 누구 하나 The One도 아니며, 그렇다고 트리니티라는 '개인'도 역시 아닙니다. 트리니티라는 상징이 현대 기업에게 건네주는 메시지 자체입니다.

먼저 세 가지 기능의 적절한 조화가 기업을 구원한다는 메시지입니다. 네오(전사)와 모피어스(성직자)와 트리니티(생산자)가 각각 제 기능을 다했던 것처럼 기업에서 세 가지 기능이 제 역할을 다해야 합니다. 전사, 생산자, 성직자/학자는 기업의 전략에 따라 적합하게 존재해야 하며, 각 기능 집단의 사람들은 '기능 집단으로서의' 규범을 내면화해야 합니다. 그리고 세 기능은 서로 상호보완적인 존재임을 알아야 합니다. 삼위일체!

가장 중요한 메시지는 기업문화와 경영활동의 대립항을 매개하여 서로 조화롭게 공존시키라는 것입니다. 오라클(이야기꾼, 예언자)과 아키텍트(설계자이자 건축가)가 네오라는 제3의 매개항을 통해 대칭을 유지한 것처럼, 기업문화와 경영활동이 '여러분'이라는 매개항을 통해 삼위일체를 이루어야 합니다.

기업문화를 고려하지 않는 경영전략은 스미스'들'을 낳게 마련입니다. 인간이 오직 인적 자원으로만 다루어질 때, 기업문화를 경영 시스템으로 환원해버릴 때, 기업의 구성원들은 스미스'들'이 되어버리고 결국 매트릭스의 붕괴를 가져올 수밖에 없습니다.

역으로 경영전략에 부합하지 않는 기업문화는 메로빈지언(영화에서 '프랑스인')처럼 존재할 수밖에 없습니다. 그들은 매트릭스 내에서 '쓸모없는' 존재입니다. 매트릭스의 운영에 부조화를 가져오고, 더불어 그에 접속한 인간들에게도 해를 미치는 존재죠. 단지 '존재를 위해서만 존재하는 존재'. 경영활동에 도움이 되지 않는 기업문화를 상징합니다. 스미스건 메로빈지언이건 '한쪽이 한쪽을 먹어버릴 때' 발생합니다. 과학적 사고와 신화적 사고가 대칭을 이룰 때, 기업문화와 경영전략이 조화를 이룰 때 기업은 '구원'받습니다.

결국 매트릭스는, 마치 뫼비우스의 띠처럼, 다시 시작의 자리로 돌아왔습니다. 인간의 승리가 아니라 '인간과 기계의 공존'이 영화의 결말입니다. 기업문화와 경영전략이 조화를 이루어 대칭적으로 공존하는 상태. 그럼, 매트릭스는 다시 처음과 같아진 걸까요? 그렇지 않습니다, 무언가 질적인 변화를 일으켰죠. 매트릭스가 매트릭스인 건 변함이 없지만, 새로운 매트릭스는 완전히 달라졌습니다. 인간과 기계 양자 모두에게 보다 적합한 매트릭스가 탄생했습니다. '혁신'이 일어난 겁니다. 기존의 매트릭스에서는 존재하지 않던 태양이 떠오른 게, 그리고 그걸 만든 존재가 어린 소녀라는 게 이를 상징합니다.

우리 역시 다시 시작의 자리로 돌아왔습니다. 《기업문화 오디세이 2》의 시작은 '신화적 사고와 과학적 사고'였죠. 기업이라는 매트릭스를 만들어가는 두 가지 사고가 있는 곳으로 우리는 다시 와버렸습니다. 허무하신가요? 하지만 오라클은 다시 말합니다. "끝이 있는 곳에 시작이 있다." 두 영역을 '동시에' 보는 눈, 두 영역을 어떻게 '같이' 존재시킬지에 대한 통찰을 가진 당신은, 겉모습은 비슷해 보이지만 완전히 다른 존재가 된 것입니다. 그런 당신이 매트릭스를 만드는 출발점입니다. 저기, 여러분의 매트릭스 위로 떠오르는 태양이 안 보이시나요?

더 읽어볼 자료

위대한 기업을 넘어 사랑받는 기업으로
라젠드라 시소디어 외 지음, 권영설 외 옮김 | 럭스미디어 | 2008

다른 책에 언뜻 손이 가지 않는다면 이 책부터, 아니 이 책만이라도 꼭 읽어보십시오. 저자들은 다년간의 조사로 '사랑받는 기업'이야말로 재무적으로도 가장 성공했으며, 공통적으로 좌뇌와 우뇌가 조화를 이루는 '통합사고'에 기반을 두어 경영하고 있다는 점을 밝히고 있습니다. '대칭적 경영', '오라클과 아키텍트가 균형을 이루어 같이 만들어가는 매트릭스'야말로 영속할 수 있는 체제임을 훌륭히 증명하고 있습니다. 당연하게도 사랑받는 기업들은 그 경쟁력의 가장 핵심에 기업문화가 자리하고 있죠. 기업문화가 고객과 이해 관계자를 포함하는 보이지 않는 그물망을 만들고, 그 안에서 모두가 공존하는 새로운 경영 방식으로 성공한 기업들을 만날 수 있는 것입니다. 기업문화 오디세이를 함께한 분이라면, 이 회사들의 기업문화 중심에 신화가 자리하고 있다는 것을 어렵지 않게 찾을 테고요. 어떤 기업들이냐고요? 뉴발란스, 홀푸드, 구글, 사우스웨스트 항공, 코스트코, 스타벅스 등입니다.

신화학 1 - 날것과 익힌 것

레비스트로스 지음, 임봉길 옮김 | 한길사 | 2005

신화학 2 - 꿀에서 재까지

레비스트로스 지음, 임봉길 옮김 | 한길사 | 2008

기업의 신화를 분석하고 만들어가는 데 가장 핵심적인 방법론을 정초한 책입니다. 지은이는 방대한 아메리카 대륙의 신화를 수학적, 언어학적으로 쪼개어 그 안에 숨겨진 불변의 법칙을 추적해 들어가서 과학적 사고와는 다르게 작동하는 놀라운 논리 체계를 발견해냅니다. 마침내 신화가 왜 '무의식의 정신적 작품'인지를 증명해내죠. 멋진 화음과 변주도 더불어 들려줍니다. 이 책 덕분에 기업의 신화를 해부하고 변환할 수 있었다고 해도 과언이 아닙니다. 최근에 저는 이 이론을 브랜드에 적용하는 실험을 하고 있고 좋은 성과를 내고 있습니다. 브랜드야말로 고도의 상징적 활동이죠. 그렇기에 브랜드를 접했을 때 인간의 신화적 사고는 활발히 작동합니다. 상당히 난해한 책입니다만, 기업문화와 스토리텔링을 전문적으로 다루고 싶다면 도전해볼 만합니다.

신화, 인류 최고의 철학

나카자와 신이치 지음, 김옥희 옮김 | 동아시아 | 2003

제가 이름 붙인 '대칭적 경영'이라는 말은, 나카자와 신이치의

'대칭성 인류학' 개념을 계승하고 그의 뜻에 동참하기 위함입니다. 대칭성 인류학을 세우기 위한 일련의 강의 시리즈 중 첫 번째가 바로 신화론에 관한 이 책입니다. 신화를 만들고 신화 안에 '살던' 사람들물론 이들은 우리와 같은 호모 사피엔스 사피엔스입니다의 마음이 갖고 있는 우주와 자연에 대한 깊은 존경과 이해에 감동을 느낄 수 있을 것입니다. 특히 전 세계에 퍼져 있는 신데렐라 신화가 인디언들에 의해 어떻게 다시 쓰여졌는지에 대한 내용은, 기업의 신화를 어떻게 바꿀 것인지에 대해 큰 통찰을 줍니다. 인디언들의 신화적 사고는 유럽인의 그것에 비해 얼마나 정교하면서도 품위 있던지! 멋있는 기업을 갖고 싶다면 그 부분은 꼭 탐독해보시기 바랍니다.

경영의 미래

개리 해멀 · 빌 브린 지음, 권영설 · 신희철 · 김종식 공역 | 세종서적 | 2009

세계에서 가장 주목받고 있는 경영전략가의 한 사람인 저자는, 100년 동안을 지배해온 경영 패러다임을 바꾸어야 한다고 단호하게 주장합니다. 표준화, 전문화, 계층화, 계획과 통제 등의 패러다임은 이제 운전석에서 내려와 뒷좌석에 앉아야 한다는 것입니다. 그리고 여러 기업의 사례를 통해 그의 주장을 뒷받침합니다. 홀푸드와 구글, 고어, 사우스웨스트 항공 등의 기업문화가 신화와 소명을 중심으로 어떻게 만들어져왔는지, 어떠한 경쟁력을 가지게 되었는지 볼 수 있게 해줍니다. 지은이가 가진 경영학적 혜안의 도움을 받아 기업문화와 신화를 다른 각도에서 바라볼 수 있다는 장점도 있습니다. 그러나 그의 지혜 역시 이렇게 말하는 것과 다름없습니다. 미래 경영 패러다임은 신화적 사고가 작동하는 영역과의 통합에 있다, 라고요. 지은이는 생명체, 시장, 민주주의, 신앙, 도시 등에서 발견할 수 있는 새로운 경영 패러다임을 제시합니다.

신화 창조의 비밀, 스토리

라이언 매튜스·와츠 왜커 공저, 이수경 옮김 | 웅진윙스 | 2008

세계 신화의 여러 테마들을 기업의 스토리텔링에 적용하고자 한 훌륭한 시도입니다. 그만큼 큰 관심과 각광을 받기도 했습니다. 특히 캠벨의 영웅신화론은 《기업문화 오디세이 2》에서 다루지 못한 부분이기도 하니 이 책을 통해 접해보면 좋겠습니다. 다만, 지은이는 기업의 스토리를 기업의 무의식적인 차원보다는 커뮤니케이션 차원으로 다루고 있는 점은 한계입니다. 기업문화의 전략적 차원에서, 즉 기존 신화의 구조와 변환 방향, 그 안에 담긴 소명, 문화 코드, 기능 구조에 대한 전체적인 전략이 수립된 후, 실제 신화 만들기의 단계에서 활용하면 도움이 될 것입니다.

문화의 패턴

루스 베네딕트 지음, 이종인 옮김 | 연암서가 | 2008

국화와 칼

루스 베네딕트 지음, 박규태 옮김 | 문예출판사 | 2008

먼저 《문화의 패턴》부터. 문화의 패턴을 발견하려는 저의 의지와 방법론은 루스 베네딕트로부터 가장 큰 영향을 받았습니다. 미국의 인류학자인 지은이는 종종 문화 상대주의의 선구자라 불립니다. 이 말은 물론 논란의 여지가 많지만, 적어도 저자가 문화를 연구하는 데 어떤 시각을 견지하고 있는지는 짐작하게 해줍니다. 문화에는 옳고 그름이 없다는 것, 그리고 문화는 '문화를 보는 눈' 앞에서만 그 비밀을 열어 보인다는 우리의 논지와 같습니다. 몇 개의 아메리카 대륙 부족의 신화, 의례를 하나하나 분석해가며 저자는 이를 증명해냅니다. 예컨대, 한 문화에서는 절대적인 가치가 다른 문화에서는 혐오스러운 것이 되기도 하죠. 우리도 보았지 않나요? 어떤 기업에서는 이윤 추구가 가장 절대적인 가치인 반면, 또 어떤 기업은 아시아적인 미를 찾아내어 세상의 미의 기준을 바꾸는 게 소명이죠.

그러나 무엇보다 우리가 이 책에 주목하는 이유는 바로 '문화는 패턴'이라는 사실을 밝히고 있기 때문입니다. 우리가 문화 코드라 이름 붙인 바로 그것(물론 문화 코드는 신화로부터 계시되고 신화는 또 코드를 마치 손재주꾼처럼 꿰어 맞추죠이 사회생활의 범주를 규정짓는다는 거죠! 패턴으로서 문화가 가진 힘은 일본 문화를 분석한《국화와 칼》에 더 명료하게 드러납니다. 지은이는 (중국과 한국과는 완전히 다른 방식으로) 일본 문화에 존재하는 온恩이라는 코드로부터 확장해나가 일본 사회 전체를 패턴화합니다. 일부 오류가 있음에도 불구하고 아직까지 일본 문화를 해석하는 최고의 책으로 꼽히고 있는 것은 바로 이 패턴의 힘 때문입니다. 그러나 그 패턴은, 저자인 루스 베네딕트가 가진 것과 같은, 열린 눈으로 볼 때에만 그 진면목을 드러냅니다. '일본은 없다'류의 책이 가진 편견으로는 절대 볼 수 없습니다.

성과 속
미르치아 엘리아데 지음, 이은봉 옮김 | 한길사 | 1998

우리가 계속 벗해온 종교학자 엘리아데의 책 중 한 권을 꼽습니다. 특히, 인간은 (원시인이건 현대인이건 모두) 과거-현재-미래의 직선적 시간관과 과거=현재=미래의 성스러운 시간관을 동시에 가지는 존재이고, 그렇기 때문에 신화와 의례를 만들어왔다는 것을 수많은 문화권의 실례를 통해 고증하고 있습니다. 보다 우리의 관심을 끄는 부분은, '신화는 어떻게 현재의 사람들에게 존재의 이유와 모범적 모델을 계시하고 과거를 끊임없는

현재로 재현하는가' 하는 부분이겠죠? 아무리 역사를 편찬하고
교육해도 되지 않던 부분인데 말이죠? 그 해답은 벌써 말씀드리
긴 했습니다만, 위대한 종교학자의 육성을 직접 접해볼 때 더 깊
은 통찰을 얻을 수 있지 않을까요? 그가 얘기하는 '종교적 인간'
은 충만합니다, 삶이 의미로 가득 차 있습니다. 단지 흥미 있고
유쾌한 회사가 아니라, 의미로 가득 찬 회사를 만들고 싶다면 몇
번을 읽어도 아깝지 않을 책입니다.

숨겨진 힘 - 사람

찰스 오레일리·제프리 페퍼 공저, 김병두 옮김 | 김영사 | 2002

제목만 보면 인사 관리에 관한 책이지만, 사실 기업문화에 관한
책이라고 자신 있게 말씀드릴 수 있습니다. 스탠포드대 석좌 교
수인 저자는 사우스웨스트 항공참 자주 등장하네요. 그만큼 기업문화에 주는 시
사점이 많다는 얘기겠죠, 시스코 시스템즈, 멘즈웨어 하우스 등의 기업
에서 '숨겨진 힘'을 찾아내는데 그것은 다름 아닌 '사람'자체라기보
다는 그들을 움직이는 힘이었습니다. 바로 기업문화였던 거죠. 이 책이
사례로 들고 있는 기업문화를 형성한 힘은 무엇이었을까, 를 바
라보려는 시각에서 접근하면 분명 큰 도움이 될 것입니다. "소명
이 무엇이었기에, 어떤 코드와 핵심가치가 있었기에, 그리고 어
떤 구조의 신화가 있기에, 무엇보다 이 회사들은 '인간을 어떤

존재로 바라보고 있었기에'그런 기업문화가 만들어졌을까?"이 물음을 잊지 마십시오.

기업인류학 - 기업윤리를 위한 기업문화

마크 르바이·알랭 시몽 지음, 편혜원·정혜원 옮김 | 철학과현실사 | 2010

지난 여행에서 이미 몇 차례 소개했습니다. 다만 그때는 불어본 이었죠. 제가 소개한 유형론과 기능 구조는 저자들이 체계화한 방법론에 많은 빚을 지고 있습니다. 물론 여러 학자를 해석하고 적용하는 데서는 차이를 보이고, 레비스트로스와 엘리아데 등의 신화학적 접근법을 이 책의 저자들은 사용하지 않습니다만, 최근 한국과 중국의 프로젝트에서 함께하며 서로 시너지 효과를 내고 있습니다. 프랑스 기업들의 사례도 간략히 소개되어 있습니다. 세 개의 기능 집단이 어떻게 조직도에 반영이 되었는지 궁금하시다면 프랑스 종마사육장과 부타가스의 사례를 펼쳐 보시기 바랍니다. 두 기업 모두 5년 전 제가 직접 방문해 인터뷰와 관찰을 진행했던 회사인데, 상당히 흥미로운 시사점을 주었습니다. 저자들이 창업한 회사인 ACG에 대해 더 궁금하거나 컨설팅 의뢰를 하고 싶으면 www.acg-groupe.fr을 참조하시기 바랍니다. 모쪼록 저자들과 그들의 회사가 창업의 소명이 가진 빛을 잃지 말고 보석같이 존재했으면 합니다.

찾 아 보 기

기업문화 오디세이 2

기업의 신화학에 관한 낭만적 강의

초판 1쇄 인쇄일	2011년 4월 5일
초판 1쇄 발행일	2011년 4월 10일

지은이	신상원
펴낸이	김효형
펴낸곳	(주)눌와
등록번호	1999. 7. 26. 제10-1795호
	서울시 마포구 성산동 617-8, 2층
전화	02. 3143. 4633
팩스	02. 3143. 4631
홈페이지	www.nulwa.com
E-mail	nulwa@naver.com

편집	강승훈 김선미 심설아
디자인	박우혁
마케팅	최은실

출력	한국커뮤니케이션
종이	정우페이퍼
인쇄	미르인쇄
제본	상지사

이 책은 콩기름 잉크soy ink로 인쇄한 친환경 인쇄물입니다.

 PRINTED WITH SOY INK™